요한1,2,3서 유다서 강해

AN EXPOSITION ON THE EPISTLES OF THE APOSTLE JOHN AND THE EPISTLE OF JUDE

〔3판〕

김효성

Hyosung Kim

Th.M., Ph.D.

옛신앙

oldfaith

2026

머리말

주 예수 그리스도(마 5:18; 요 10:35)와 사도 바울(갈 3:6; 딤후 3:16)의 증거대로, 성경은 하나님의 말씀이다. 성경이 하나님의 말씀이며 우리의 신앙과 행위에 있어서 정확무오한 유일의 법칙이라는 고백은 우리의 신앙생활에 있어서 매우 기본적이고 중요하다.

웨스트민스터 신앙고백에 진술된 대로(1:8), 우리는 성경의 원본이 하나님의 감동으로 오류가 없이 기록되었고 그 본문이 "그의 독특한 배려와 섭리로 모든 시대에 순수하게 보존되었다"고 믿는다. 이것은 교회의 전통적 견해이다. 그러므로 우리는 신약성경의 헬라어 비잔틴 다수 사본들의 본문이 순수하게 보존된 성경 원본의 본문에 가장 가까운 본문으로 여전히 받아들여져야 한다고 본다.

성경은 성도 개인의 신앙생활뿐 아니라, 교회의 모든 활동들에도 유일한 규범이다. 오늘날처럼 다양한 풍조와 운동이 많은 영적 혼란의 시대에, 우리는 성경으로 돌아가 성경이 무엇을 말하는지 묵상하기를 원하며 성경에 계시된 하나님의 모든 뜻을 알기를 원한다.

성경으로 설교할지라도 그것을 바르게 해석하고 적용하지 않으면, 말씀의 기근이 올 것이다(암 8:11). 오늘날 많은 설교와 성경강해가 있지만, 순수한 성경 지식과 입장은 더 흐려지고 있는 것 같다.

그러므로 오늘날 요구되는 성경강해는 성경 본문의 뜻을 명료하게 해석하고 적용하는 것일 것이다. 실상, 우리는 성경책 한 권으로 충분하다. 성도들은, 유일한 선생님이신 성령님의 지도를 구하며 성경을 읽어야 하고, 성경강해는 오직 작은 참고서로만 사용해야 할 것이다.

심히 부족한 종에게 지혜와 분별력과 간절함과 건강을 주시고 또 약한 남편을 위해 일평생 헌신한 아내를 주시고 또 많은 기도와 물질로 후원한 성도들과 합정동 교회를 주신 하나님께만 영광을 돌린다.

내용 목차

요한1서

서론

요한일서의 **저자**는 사도 요한이다(1:1). 이 점에 대하여 초대교회의 증거는 일치한다. 저자는 자신을 그리스도의 목격자로 소개한다. 특히, 본서에는 '말씀, 빛, 영생, 사랑, 새 계명, 거한다, 생명을 바친다, 죄를 없이하다, 마귀의 행위, 세상을 이기다, 살인자, 죽음에서 옮겨 생명으로 들어가다, 보혜사, 물과 피, 세상의 구주, 하나님의 독생자, 증거하다' 등 요한복음에 나오는 것과 같거나 비슷한 단어들이 많다. 2세기의 폴리갑은 본 서신을 인용했고, 또 2세기의 파피아스와 이레니우스, 3세기의 알렉산드리아의 클레멘트와 터툴리안 등은 본 서신을 사도 요한의 글로 인용하였다. 초대교회의 전통은 요한일서, 요한이서, 요한삼서의 저자를 사도 요한이라고 본다.

본 서신의 **저작 연대**는 요한복음을 썼을 주후 85-90년경이거나 그보다 약간 후일 것이다. 초대교회의 전통에 의하면, 사도 요한은 그의 생애의 후년에 에베소에 거주하며 사역하였다. 이레니우스는, "주님의 제자 요한은 이 믿음을 전파하고 또 복음을 선포함으로써, 게린두스에 의해 사람들 가운데 유포되었고 이전에 오랫동안 소위 '지식'의 분파라고 잘못 불리었던 니골라당이라는 사람들에 의해 유포된 오류를 제거하고 그들을 논파하기를 원한다"고 말하였다.[1]

요한일서의 **특징적 주제**는 형제 사랑이다. 이와 함께, 사도 요한은 우리가 미혹의 영을 분별할 것과 중생(重生)한 자가 죄를 짓지 말고 의를 행하고 형제 사랑을 실천해야 할 것을 교훈하였다. 사도 바울 서신들에서는 칭의(稱義)의 교리가 강조되었으나, 사도 요한의 서신에서는 중생(重生)의 교리가 강조되었다.

---

1) 이단 반박, 3. 11. 1.

1장: 신자의 삶은 빛의 삶

1-4절, 사도의 전하는 내용과 목적

〔1-2절〕 **태초부터 있는**(엔 ἦν, 미완료과거)[계셨던] **생명의 말씀에 관하여는 우리가 들은 바요 눈으로 본 바요 주목하고 우리 손으로 만진 바라. 이 생명이 나타내신 바 된지라. 이 영원한 생명을 우리가 보았고 증거하여 너희에게 전하노니 이는 아버지와 함께 계시다가 우리에게 나타내신 바된 자니라.**

사도 요한의 사역은 하나님의 아들 예수 그리스도를 전하는 것이었다. 그것이 예수 그리스도께서 친히 부르시고 세우신 모든 사도들의 사역이었다. 사도 요한은 자신이 전한 예수 그리스도께서 '태초부터 계셨던 생명의 말씀'이라고 증거했다. '태초'는 우주의 시작의 때를 가리킨다. '태초부터 계셨던 자'라는 말은 우주가 시작될 때 이미 존재하고 계셨던 자, 우주가 시작되기 전부터 존재하고 계셨던 자, 곧 신적인 존재를 가리킨다. '태초부터 계셨던 생명의 말씀'은 영원한 신적인 존재인 하나님의 아들 예수 그리스도를 가리킨다.

사도 요한은 요한복음에서 "태초에 말씀께서 계셨더라. 이 말씀께서 하나님과 함께 계셨으니 이 말씀께서는 곧 하나님이시니라. 그가 태초에 하나님과 함께 계셨고 만물이 그로 말미암아 지은 바 되었으니 지은 것이 하나도 그가 없이는 된 것이 없느니라. 그 안에 생명이 있었으니 이 생명은 사람들의 빛이라"(1:1-4)고 증거했다. 거기서도 '계셨더라'는 원어(엔 ἦν, 미완료과거)는 본문의 '계셨던'이라는 말과 동일하다. 태초부터 계셨던 그 분, '말씀'(로고스 λόγος)이라고 불리는 그는 하나님과 구별되시면서도 동시에 하나님으로 증거되는 분이시다. 우주의 시작 때에 이미 존재하고 계셨던 그는 하나님이시다. 하나님 외에는 아무도 그때 존재하고 계셨을 수 없다. 태초부터 계셨던 그 분, 말씀으로 불리신 그는 하나님과 구별되시면서도 그 본질과 본체에 있어서 한 하나님이시다. 여기에 삼위일체의 신비가 있다.

사도 요한은 2절에서 그를 '영원한 생명'이라고 표현하였고 또 '이 생명이 나타내신 바 되었다,' '이는 아버지와 함께 계시다가 우리에게 나타내신 바된 자니라'고 표현하였다. 태초부터 계셨던 그 분, 모든 생명의 근원이신 하나님, 특히 죄로 인하여 죽은 모든 사람들에게 참 생명이 되시는 분, 아버지 하나님과 함께 계시다가 사람으로 나타나신 그는 바로 '말씀이 육신이 되신'(요 1:14) 우리 주 예수 그리스도이시다. 그는 우리에게 영원한 생명이 되신다. 그러므로 예수께서는 친히 "내가 곧 생명의 떡이로라"고 말씀하셨고(요 6:48), 또 "나는 길이요 진리요 생명이라"고 하셨다(요 14:6). 또 요한은 본 서신 끝부분에서 "우리가 참된 자 곧 그의 아들 예수 그리스도 안에 있는 것이니 그는 참 하나님이시요 영생이시라"고 증거했다(요일 5:20). 예수께서는 영원한 생명을 가진 하나님이시다.

사도 요한이 전한 예수님에 대한 내용은 믿을 만한가? 이에 관해 요한은 자신이 그에 대한 목격자임을 고백한다. 그는 1절에서 말하기를, "우리가 들은 바요 눈으로 본 바요 주목하고 우리 손으로 만진 바라"고 하였고, 2절에서 "이 영원한 생명을 우리가 보았고 증거하여 너희에게 전하노니"라고 했고, 3절에서 "우리가 보고 들은 바를 너희에게 전함은"이라고 말하였다. 다시 말해, 사도 요한은 자신이 전하는 분에 대하여 그의 신적인 능력과 영광을 직접 자기 눈으로 보았고 들었다고 반복하여 증거한 것이다. 이런 증인의 증거는 무시되어서는 안 된다. 신약성경은 바로 이런 목격자들의 증언들의 기록이다. 여기에 기독교 복음의 확실함이 있다. 기독교 복음은 목격자들의 증언들에 근거하였다. 신약성경에 기록된 그 증언들은 2천년이 지난 오늘날에도 우리를 위해 복음 진리의 확실성을 증거한다.

〔3-4절〕 우리가 보고 들은 바를 너희에게도 전함은 너희로 우리와 사귐이 있게 하려 함이니 우리의 사귐은 아버지와 그 아들 예수 그리스도와 함께함이라. 우리가 이것을 씀은 우리의[너희의](전통본문)[2] **기쁨이 충만케 하려 함이로라.**

사도 요한이 예수 그리스도를 전한 목적은 전하는 자들과 받는 자들이 서로 교제하기 위함이었다. 성도의 교제가 전도의 목적이라고 표현한 것이다. 교회는 성도들의 모임이며 교제의 회이다. 우리는 성도의 교제가 하나님께서 부르시는 모든 사람들에게 확장되기를 원한다. 우리의 교제는 과연 예수 그리스도를 믿는 모든 자들에게 확장될 것이다. 예수 그리스도 안에서의 성도들의 참된 교제는 이 세상에서 매우 복된 일이다. 그것은 천국에서도 나눌 교제이다.

그런데 본문은 성도의 교제가 단지 육신적 교제가 아님을 증거한다. 성도의 교제는 하나님과 예수님과 우리의 영적 교제이다. 이것이 구원이다. 사람이 하나님을 멀리 떠났다가 하나님께로 다시 돌아와 그를 알고 그와 교제하는 것이 구원이다. 그렇다면, 전도는 하나님을 알지 못하는 자들에게 복음을 전하여 하나님과 그의 아들 예수 그리스도와 교제하게 하는 것이다. 그러므로 사도 바울은 고린도전서 1:9에서 "너희를 불러 그의 아들 예수 그리스도 우리 주로 더불어 교제케 하시는 하나님께서는 신실하시도다"라고 말했다. 그러므로 우리는 하나님과 주 예수 그리스도 안에서 성도들 간의 교제를 나누어야 한다. 그것은 하나님께 대한 찬송과 감사와 기도가 있고 또 하나님의 말씀인 성경을 읽고 해석하고 그 말씀에 근거해 권면하는 교제이다.

사도 요한은 덧붙여 그가 이 편지를 쓰는 목적은 피차간에 기쁨이 충만하게 하기 위함이라고 말한다. 우리는 진리의 말씀으로 교훈을 주고 받음으로써 피차 기쁨이 충만하게 된다. 성도의 기쁨의 이유는

---

2) Byz A C vg^{cl} cop^{bo} arm 등이 그러함.

그가 죄사함과 의롭다 하심, 곧 구원을 얻었기 때문이며, 그가 이제 하나님의 자녀가 되었고 천국의 백성이 되었기 때문이다. 그러므로 사도 바울은 "주 안에서 항상 기뻐하라"고 교훈했다(빌 4:4). 우리의 기쁨은 구원의 기쁨이며, 우리가 성경말씀으로 서로 권면하고 권면을 받을 때 우리의 기쁨은 더욱 풍성해지는 것이다.

본문의 교훈을 정리해보자. 첫째로, 예수 그리스도께서는 태초부터 계셨던 말씀이시다. 그는 세상이 창조되기 전부터 계셨던 분, 곧 영원하신 하나님이시다. 우리는 예수 그리스도의 신적 영광을 알아야 한다.

둘째로, 예수 그리스도께서는 생명이시다. 그는 모든 생명의 원천이시며 생명 자체이시다. 그는 믿는 우리에게 영원한 생명을 주신다.

셋째로, 태초부터 계셨던 말씀이 나타나셨다. 그것이 하나님의 아들 예수 그리스도의 성육신(成肉身)이다. 그는 본래 영광의 아들이셨다. 그러나 그는 하나님의 뜻과 택자들의 구원을 위해 사람의 본질을 취하여 세상에 오셨고 십자가에 죽으심으로 그들의 구속(救贖)을 이루셨다.

넷째로, 사도들은 그를 보았고 들었고 만졌고 체험하였다. 그들은 그의 전하신 말씀들을 들었고 그의 행하신 기적들을 보았고, 특히 그의 십자가에 죽으심과 삼일 만에 부활하심을 보았다. 그들은 주 예수께서 하나님의 아들 그리스도이시며 우리의 죄를 대속하신 구주이심을 증거했다. 기독교는 지어낸 이야기가 아니고 증인들의 증언들에 근거했다.

다섯째로, 구원은 하나님과의 교제의 회복이다. 사람은 범죄함으로 하나님과의 교제가 끊어졌었다. 그러나 구주 예수께서 구속하신 자들, 곧 예수님을 믿고 구원 얻은 자들은 하나님과의 교제를 회복하였다.

여섯째로, 성도의 교제는 예수 그리스도 안에서의 교제이다. 그것은 단순히 먹고 마시는 교제가 아니고 믿음과 소망 안에서의 교제이다.

일곱째로, 구원 얻은 성도들은 기쁨의 충만을 얻는다. 하나님께서는 구원 얻은 성도들에게 평안과 기쁨을 넘치게 주신다(요 15:11; 16:24).

5-10절, 빛 가운데 행하라

〔5절〕 우리가 저에게서 듣고 너희에게 전하는 소식이 이것이니 곧 하나님은[께서는] **빛이시라. 그에게는 어두움이 조금도 없으시니라.**

사도 요한은 하나님께서 빛이시며 그에게는 어두움이 조금도 없으시다고 증거했다. 성경에서 빛은 지식과 의와 진실과 생명과 기쁨을 상징하는 말이라고 보이고, 어두움은 무지와 불의와 거짓과 죽음과 슬픔을 상징하는 말이라고 보인다. 하나님께는 지식과 의와 진실과 생명과 기쁨이 충만하시며, 하나님께서 창조하신 사람의 본래의 모습도 그러했다고 본다. 그러나 아담이 범죄한 후 아담의 후손들에게와 세상에는 무지와 불의와 거짓과 죽음과 슬픔이 가득하게 되었다.

〔6-7절〕 만일 우리가 하나님과 사귐이 있다 하고 어두운 가운데 행하면 거짓말을 하고 진리를 행치 아니함이거니와 저가 빛 가운데 계신 것같이 우리도 빛 가운데 행하면 우리가 서로 사귐이 있고 그 아들 예수 [그리스도](전통본문)[3]**의 피가 우리를 모든 죄에서 깨끗하게 하실 것이요.**

하나님께서 빛이시라는 사실은 하나님의 자녀된 우리도 빛 가운데서 살아야 함을 보인다. 빛 되신 하나님을 알고 그 하나님과 교제하는 자들은 빛 가운데 살아야 한다. '어두움 가운데 행하면'이라는 원어(엔 토 스코테이 페리파토멘 ἐν τῷ σκότει περιπατῶμεν)는 '어두움 가운데 계속, 반복하여 행하면'이라는 뜻이다. 하나님과의 교제는 빛의 교제이다. 빛과 어두움은 함께 있을 수 없다. 빛이 오면 어두움이 물러간다. 그러므로 만일 우리가 하나님을 섬기면서 어두움 가운데, 즉 불의와 악과 거짓 가운데 계속 행하고 있다면, 우리는 거짓말을 하는 자요 진리를 믿고 행하는 자가 아닐 것이다.

그러나 만일 우리가 하나님께서 빛 가운데 계신 것같이 빛 가운데 행하면, 즉 우리가 의롭고 진실하게 살고자 애쓰면, 우리는 하나님과

---

3) Byz A vg$^{cl\ ww}$ cop^{bo} 등에 있음.

교제할 수 있다. 시편 15:1-5는 말하기를, "여호와여, 주의 장막에 유할 자 누구오며 주의 성산에 거할 자 누구오니이까? 정직하게[온전하게] 행하며 공의를 행하며 그 마음에 진실을 말하며 거짓말로 남을 비방치 않고 그 벗에게 악을 행치 않으며 그 이웃을 비난치 않으며 그 눈은 비열한 자를 멸시하며 여호와를 두려워하는 자를 존대하며 그 마음에 서원한 것은 해로울지라도 변치 아니하며 고리대금하지 않으며 뇌물을 받고 무죄한 자를 해치 아니하는 자니라"고 하였다.

사도 요한은 또 우리가 빛 가운데 즉 의와 진실 가운데 있을 때, 하나님의 아들 예수님의 피가 우리를 모든 죄에서 깨끗하게 하실 것이라고 말한다. '깨끗하게 하실 것이요'라는 원어(현재시제)는 주께서 믿는 우리의 죄를 깨끗하게 하셨고 또 날마다 깨끗하게 하실 것이라는 뜻이며 그러므로 우리는 하나님과의 풍성한 교제를 누릴 것이다. 주께서도, "무릇 내게 있어 과실을 맺지 아니하는 가지는 아버지께서 이를 제해 버리시고 무릇 과실을 맺는 가지는 더 과실을 맺게 하려하여 이를 깨끗케 하시느니라"고 말씀하셨다(요 15:2).

〔8-10절〕 만일 우리가 죄 없다 하면 스스로 속이고 또 진리가 우리 속에 있지 아니할 것이요 만일 우리가 우리 죄를 자백하면 저는 미쁘시고[신실하시고] **의로우사 우리 죄를 사하시며 모든 불의에서 우리를 깨끗케 하실 것이요 만일 우리가 범죄하지 아니하였다 하면 하나님을 거짓말하는 자로 만드는 것이니 또한 그의 말씀이 우리 속에 있지 아니하니라.**

사람은 누구나 다 죄인이며 또 구원 얻은 성도들 속에도 죄악성이 있기 때문에, 만일 누가 자신이 죄가 없다고 말한다면, 그는 자신을 속이는 자요 진리가 그 속에 있지 않는 자일 것이다. 우리는 우리의 죄를 인정하고 뉘우치고 버리기를 결심함으로 하나님의 진리의 세계에 들어왔다. 우리는 하나님께서 우리를 지켜주지 않으시면 언제든지 죄에 떨어질 수밖에 없고 또 종종 떨어졌던 자라는 것을 겸손하게, 솔직하게 인정해야 한다.

신자는 우리의 죄를 인정하고 고백함으로써 빛의 삶을 유지해야 한다. 죄의 인정과 고백은 진실함에서만 가능하며 우리는 죄의 고백과 죄씻음을 통해 의롭고 거룩한 삶을 유지할 수 있다. 하나님께서는 우리가 우리의 죄를 인정하고 그 앞에 고백하는 것을 원하신다. 우리가 우리 죄를 고백하면, 그는 약속에 신실하시고 의로우시기 때문에 우리의 죄를 사하시고 모든 불의에서 우리를 깨끗하게 하실 것이다.

시편 32:3-5, "내가 토설치 아니할 때에 종일 신음하므로 내 뼈가 쇠하였도다. 주의 손이 주야로 나를 누르시오니 내 진액이 화하여 여름 가물에 마름같이 되었나이다. 내가 이르기를 내 허물을 여호와께 자복하리라 하고 주께 내 죄를 아뢰고 내 죄악을 숨기지 아니하였더니 곧 주께서 내 죄의 악을 사하셨나이다." 시편 51:17, "하나님의 구하시는 제사는 상한 심령이라. 하나님이여 상하고 통회하는 마음을 주께서 멸시치 아니하시리이다." 이사야 1:18, "오라, 우리가 서로 변론하자. 너희 죄가 주홍 같을지라도 눈과 같이 희어질 것이요 진홍같이 붉을지라도 양털같이 되리라."

그러나 만일 우리가 범죄한 적이 없다고 한다면, 우리는 하나님을 거짓말하는 자로 만드는 것이다. 왜냐하면 하나님께서는 성경에서 모든 사람이 죄인이라고 이미 선언하셨기 때문이다. 예레미야 17:9, "만물보다 거짓되고 심히 부패한 것은 마음이라." 로마서 3:10-12, 23, "기록한 바 의인은 없나니 하나도 없으며 깨닫는 자도 없고 하나님을 찾는 자도 없고 . . . 선을 행하는 자는 없나니 하나도 없도다," "모든 사람이 죄를 범하였으매 하나님의 영광에 이르지 못하더니."

또 우리가 하나님을 거짓말하는 자로 만든다면, 어떻게 하나님의 말씀이 우리 속에 있겠는가? 우리는 하나님의 진리와 상관없는 자가 되고 말 것이다. 그러므로 우리는 우리 자신이 죄인이었고 지금도 종종 넘어지며 또 우리 속에 죄성이 남아 있다는 사실을 하나님 앞에서 항상 겸손히 인정하고 고백하고 버리기를 힘쓰는 자가 되어야 한다.

본문의 교훈을 정리해보자. 첫째로, 하나님께서 빛이시기 때문에 우리가 하나님과 교제하려면 우리는 빛 가운데 행해야 한다. 성경에서 빛은 지식과 의와 진실을 가리킨다. 에베소서 5:8-9, "너희가 전에는 어두움이더니 이제는 주 안에서 빛이라. 빛의 자녀들처럼 행하라. 빛의 열매는 모든 착함과 의로움과 진실함에 있느니라." 하나님과의 교제는 지식과 의와 진실이 있는 교제이어야 한다. 그러므로 우리는 항상 진리의 지식을 사모하며 의롭고 진실한 삶을 살기를 힘써야 한다. 만일 우리가 이렇게 살지 않는다면 우리는 하나님과 교제하는 자가 아닐 것이다.

둘째로, 우리가 죄 없다거나 범죄치 않았다고 말한다면, 우리는 자신을 속이는 것이며 하나님을 거짓말하는 자로 만드는 것이며 하나님의 진리의 말씀이 우리 속에 있지 않은 것이지만, 우리가 빛 가운데 있을 때, 즉 진리의 지식과 의와 진실이 있을 때, 예수 그리스도의 피가 우리의 모든 죄를 깨끗케 하실 것이다. 우리는 우리의 죄를 하나님 앞에서 겸손히 인정하고 진실하게 고백하는 자가 되어야 한다. 시편 51:1-7, 9, 17, "하나님이여, 주의 인자를 좇아 나를 긍휼히 여기시며 주의 많은 자비를 좇아 내 죄과를 도말하소서. 나의 죄악을 말갛게 씻기시며 나의 죄를 깨끗이 제하소서. 대저 나는 내 죄과를 아오니 내 죄가 항상 내 앞에 있나이다. 내가 주께만 범죄하여 주의 목전에 악을 행하였사오니 주께서 말씀하실 때에 의로우시다 하고 판단하실 때에 순전하시다 하리이다. 내가 죄악 중에 출생하였음이여 모친이 죄 중에 나를 잉태하였나이다. 중심에 진실함을 주께서 원하시오니 내 속에 지혜를 알게 하시리이다. 우슬초로 나를 정결케 하소서. 내가 정하리이다. 나를 씻기소서. 내가 눈보다 희리이다," "주의 얼굴을 내 죄에서 돌이키시고 내 모든 죄악을 도말하소서," "하나님의 구하시는 제사는 상한 심령이라. 하나님이여, 상하고 통회하는 마음을 주께서 멸시치 아니하시리이다."

2장: 형제를 사랑함은 빛 안에 사는 증거

1-6절, 주님의 계명을 지키는 자

〔1절〕 **나의 자녀들**(테크니아 τεκνία)[어린 자녀들]**아, 내가 이것을 너희에게 씀은 너희로 죄를 범치 않게 하려 함이라. 만일 누가 죄를 범하면 아버지 앞에서 우리에게 대언자**(파라클레토스 παράκλητος)[변호자]**가 있으니 곧 의로우신 예수 그리스도시라.**

사도 요한은 본 서신에서 교인들을 '자녀들아'라고 자주 불렀다(2:1, 12, 28; 3:7; 4:4; 5:21). 그의 말투는 그의 나이가 많았고 교인들에 대한 사랑도 많았음을 보인다. 그는 본 서신에서 교인들을 '사랑하는 자들아'라고도 여러 번 불렀다(2:7; 3:2; 4:1, 7, 11).

그는 본절에서 본 서신을 쓰는 목적을 "너희로 죄를 범치 않게 하려 함이라"고 말하였다. 하나님께서 성경책을 우리에게 주신 중요한 목적은 우리가 교훈과 책망을 받아 죄를 짓지 않게 하려 하심이다(딤후 3:16). 하나님께서는 우리에게 죄 안 짓는 삶을 원하신다.

그러나 우리는 하나님의 은혜로 구원 얻은 후에도 때때로 넘어지고 범죄하므로, 사도 요한은 "만일 누가 죄를 범하면 아버지 앞에서 우리에게 변호자가 있다"고 말한다. '아버지 앞에서'라는 원어(프로스 톤 파테라 πρὸς τὸν πατέρα)는 '아버지와의 관계에서'라는 뜻이다. 범죄하는 문제는 성도의 현실적 문제이며 그 대책은 우리 구주 예수 그리스도의 대속 사역과 그것의 계속적 적용이다. 우리 구주 예수 그리스도의 대속 사역은 우리가 연약할 때에 우리에게 효험이 있고 그는 현재 우리의 변호자가 되신다.

〔2절〕 **저는 우리 죄를 위한 화목제물**(힐라스모스 ἱλασμός)[유화(宥和)제물](propitiation)**이니 우리만 위할 뿐 아니요 온 세상의 죄를 위하심이라.**

유화(宥和)제물은 우리의 죄들로 인한 하나님의 진노를 누그러뜨리고 제거시키는 제물이라는 뜻이다. 사도 바울도 로마서 3:25에서, "이 예수님을 하나님께서 그의 피로 인하여 믿음으로 말미암는 유화제물(힐라스테리온 ἱλαστήριον)로 세우셨으니 이는 하나님께서 길이 참으시는 중에 전에 지은 죄를 간과하심으로 자기의 의로우심을 나타내려 하심이니"라고 말했다. '유화'라는 것이 성경적 속죄 개념이다. 예수 그리스도께서는 우리의 죄를 위한 유화제물이 되셨다. 예수께서는 우리들만 위할 뿐 아니고 온 세상의 죄를 위해 유화제물이 되셨다. 요한복음 1:29, "보라, 세상 죄를 지고 가는 하나님의 어린양이로다." 요한복음 3:16, "하나님께서 세상을 이처럼 사랑하사 독생자를 주셨으니 이는 저를 믿는 자마다 멸망치 않고 영생을 얻게 하려 하심이니라." 물론, 여기에 '세상'은 엄밀한 의미에서 하나님께서 택하신 세상의 모든 자들을 가리킨다. 예수께서 성도들을 위해 계속 변호하시는 것은 그의 십자가 대속 사역에 근거한 것이다.

〔3-4절〕 우리가 그의 계명을 지키면 이로써 우리가 저를 아는 줄로 알 것이요 저를 아노라 하고 그의 계명을 지키지 아니하는 자는 거짓말하는 자요 진리가 그 속에 있지 아니하되.

사도 요한은 본 서신의 앞부분에서 구원 얻은 성도들이 하나님과 교제하는 자들로서 빛 가운데 행하여야 할 것과 그 첫 번째 증거로서 자신의 죄를 인정하고 고백해야 할 것을 강조하였었다(1:5-10). 이제 그는 주님의 계명을 행하는 일에 대해 강조한다. 그것도 빛 가운데 행하는 일이다. 본절은 우리가 주님의 계명을 지키면 주님을 아는 자임이 증거된다고 말한다. 주님의 계명은 곧 주께서 제자들에게 주신 서로 사랑하라는 새 계명을 가리킨다. 그것은 하나님께서 구약성경에 주신 십계명의 요약과도 같다. 하나님의 뜻은 우리가 하나님을 사랑하고 서로 사랑하라는 것이다. 주님의 계명을 지키는 자가 하나님을 아는 자이며, 하나님을 안다고 말하면서 주님의 계명을 지키지 않는 자는 거짓말하는 자요 진리가 그 속에 있지 않은 자라고 간주된다.

하나님을 아는 자인가, 모르는 자인가 하는 것은 하나님의 자녀가 되었는가 아닌가 하는 문제와 같다. 하나님을 알지 못하는 자는 하나님과 상관이 없는 자이며 하나님의 자녀가 아니다. 주님의 계명을 지키는 자, 곧 하나님과 구주 예수 그리스도를 믿는 자들 가운데서 서로 사랑함을 실천하는 자는 하나님을 아는 자요 그의 자녀이다.

〔5-6절〕 **누구든지 그의 말씀을 지키는 자는 하나님의 사랑이 참으로 그 속에서 온전케 되었나니 이로써 우리가 저 안에 있는 줄을 아노라. 저 안에 거한다 하는 자는 그의 행하시는 대로 자기도** [그와 같이] **행할지니라.**

사도 요한은 우리가 주님의 말씀을 지키면 하나님의 사랑이 참으로 우리 속에 온전케 되었다고 말한다. 만일 '하나님의 사랑'이 하나님께서 우리를 구원하시는 사랑을 가리킨다면, 그 하나님의 사랑은 우리가 그의 계명을 순종할 때 우리 속에서 온전케 되고 우리의 구원을 확증한다는 뜻일 것이다. 하나님께서 주신 구원은 우리의 계명 순종을 통해 온전케 된다. 만일 '하나님의 사랑'이 하나님께 대한 우리의 사랑을 가리킨다면, 우리가 그의 계명을 순종할 때 하나님께 대한 우리의 사랑이 온전케 된다는 뜻일 것이다. 우리는 과거에 돈이나 육신적 쾌락을 사랑했으나, 구원 얻었을 때 하나님을 사랑하게 되었고 그것은 우리가 그의 계명을 순종할 때 온전케 된다는 뜻일 것이다. 주께서는 말씀하시기를, "나의 계명을 가지고 지키는 자라야 나를 사랑하는 자니 나를 사랑하는 자는 내 아버지께 사랑을 받을 것이요 나도 그를 사랑하여 그에게 나를 나타내리라," "사람이 나를 사랑하면 내 말을 지키리니 내 아버지께서 저를 사랑하실 것이요 우리가 저에게 와서 거처를 저와 함께하리라"고 하셨다(요 14:21, 23).

사도 요한은 우리가 주님의 말씀을 지킬 때 우리가 주님 안에 있음이 증거된다고 말한다. 주님 안에 있다는 것은 주님과의 영적 연합을 뜻한다. 그것은 주님의 생각과 능력을 공급받는 것이며 주님의 특권을 함께 누리는 것이기도 하다. 주께서는 포도나무 비유에서 우리가 주님 안에 있으면 많은 열매를 맺을 것이나 우리가 주님 안에 있지 않으면 열매를 맺지 못하고 버림을 받고 불태워질 것이라고 말씀하셨다(요 15장). 우리가 정말 주님 안에 있다면 우리는 주님의 행하시는 대로 죄를 멀리하고 서로 사랑함을 실천해야 한다. 만일 그렇지 않다면, 우리는 주님 안에 있는 것이 아닐 것이다.

본문의 교훈을 정리해보자. 첫째로, 우리는 죄 짓지 않는 생활을 힘써야 한다. 1절, "내가 이것을 너희에게 씀은 너희로 죄를 범치 않게 하려 함이라." 죄 짓지 않는 삶은 사도 요한이 그의 서신을 쓴 목적이다. 하나님의 뜻은 우리의 거룩함이다(살전 4:3). 하나님께서 우리에게 성경을 주신 목적도 구원, 곧 칭의(稱義)와 성화(聖化)이다. 하나님께서 원하시는 바는 우리가 죄 안 짓는 생활을 하는 것이다. 그러므로 주 예수 그리스도의 피로 의롭다 하심을 얻은 자는 죄를 멀리해야 한다.

둘째로, 그러나 우리가 죄를 지을 때 우리의 변호자 되신 예수 그리스도를 의지해야 한다. 구원 얻은 성도도 육신의 죄성을 가지고 있고 때때로 마귀의 시험과 세상과 악의 유혹에 빠질 수 있다. 그러나 그는 그럴 때 우리를 위한 속죄제물이시며 유화제물이신 예수 그리스도께 나아가 그의 십자가 대속의 의(義)를 믿으며 더러워진 손과 발을 그의 보혈의 샘에서 씻음 받아야 한다. 예수 그리스도의 속죄의 피는 지금도 우리의 죄를 씻는 효력이 있다. 예수께서는 우리의 지난 죄를 다 씻으셨을 뿐 아니라, 또한 우리의 현재의 부족과 연약도 씻어주신다.

셋째로, 우리가 죄를 짓지 않는 생활을 한다는 것은 주님의 계명을 지키는 자가 되는 것을 말한다. 주님의 계명을 지키는 자가 주님을 아는 자요 주님을 사랑하는 자요 주님 안에 거하는 자이다. 그러나 만일 우리가 주님의 계명을 지키지 않는다면, 우리가 주님을 안다는 것과 사랑한다는 것은 거짓일 것이며 우리는 주님 안에 거하는 자가 아닐 것이다. 그러므로 우리는 서로 사랑하라는 주님의 계명을 힘써 지켜야 한다.

7-17절, 빛 안에 사는 증거

〔7-8절〕 사랑하는 자들아[형제들아](전통사본), **내가 새 계명을 너희에게 쓰는 것이 아니라 너희가 처음부터 가진 옛 계명이니 이 옛 계명은** [처음부터](전통사본) **너희의 들은 바 말씀이거니와 다시 내가 너희에게 새 계명을 쓰노니 저에게와 너희에게도 참된 것이라. 이는 어두움이 지나가고 참 빛이 벌써 비췸이니라.**

사도 요한은 자신이 말한 계명은 그들이 처음부터 가졌던 옛 계명 곧 십계명을 가리킨다고 말한 후, 또 새 계명에 대해서도 말한다. 그 새 계명은 주께서 제자들에게 주신 서로 사랑하라는 계명이다. 이것은 우리에게 참된 것 곧 진리이다. 십계명도, 새 계명도 진리이다. 우리는 과거에 어두움에 속한 자들이었고 그때에 무지와 죄악이 우리를 지배하였었으나, 이제 참 빛이 우리에게 비추었다. 하나님의 진리의 지식과 의가 우리에게 주어졌다. 그것이 우리가 얻은 구원이다. 이렇게 구원 얻은 증거가 바로 계명 순종이다.

〔9-11절〕 빛 가운데 있다 하며 그 형제를 미워하는(미손 μισῶν)(현재분사)[미워하고 있는] **자는 지금까지 어두운 가운데 있는 자요 그의 형제를 사랑하는 자는 빛 가운데 거하여 자기 속에 거리낌**(스칸달론 σκάνδαλον)[걸림돌, 걸려 넘어질 원인]**이 없으나 그의 형제를 미워하는 자는 어두운 가운데 있고 또 어두운 가운데 행하며 갈 곳을 알지 못하나니 이는 어두움이 그의 눈을 멀게 하였음이니라.**

사람이 자신이 하나님을 알며 구원을 얻었고 의롭다 하심을 얻었고 빛 가운데 있다고 말할지라도 자기 형제를 미워하고 있다면 그는 지금까지 어두운 가운데 있는 자이다. 그가 얻었다는 구원은 거짓된 구원이요 그의 구원의 확신은 헛된 확신이다. 그는 구원 얻은 표를 가지고 있지 않은 사람이다. 그러므로 성도의 신앙고백과 구원 확신은 형제를 사랑하는 그의 삶을 통해 증거되어야 한다. 형제 사랑은 빛의 증거요 구원의 증거이다. 자기 형제를 사랑하는 자는 빛 가운데 들어왔고 구원을 얻었다는 증거를 가진 자이다. 그는 자기 속에 걸림돌 혹은 걸려 넘어질 원인이 없다.

반면에, 형제를 미워하는 것은 구원 얻지 못하고 어두움 속에 있고 어두움 가운데 행하고 있다는 증거이다. 사람이 어두운 밤에 산 속을 헤맨다면 자신이 어디로 가고 있는지 잘 모르는 것과 같이, 어두움 가운데 행하는 자는 자신이 어디로 가는지 알지 못한다. 그것은 어두움이 그의 눈을 멀게 했기 때문이다. 어두움 가운데, 즉 무지와 죄악들 가운데 사는 자들이 갈 곳은 오직 한 곳 지옥뿐이다. 만일 그가 그의 갈 곳이 지옥인 것을 알았더라면, 그는 그의 길을 돌이켰을 것이다. 그러나 그의 눈이 멀었기 때문에 그는 그가 지옥으로 가고 있다는 것을 알지 못하고 그 곳을 향해 가고 있는 것이다.

〔12-14절〕 [어린] **자녀들아, 내가 너희에게 쓰는 것은 너희 죄가 그의 이름으로 말미암아 사함을 얻음**(아페온타이 ἀφέωνται—완료시제)[사함을 얻었음](원문)**이요, 아비**[아버지]**들아, 내가 너희에게 쓰는 것은 너희가 태초부터 계신 이를 앎**(에그노카테 ἐγνώκατε—완료시제)[알았음]**이요, 청년들아, 내가 너희에게 쓰는 것은 너희가 악한 자를 이기었음이니라. 아이들아, 내가 너희에게 쓴 것은 너희가 아버지를 알았음이요, 아비**[아버지]**들아, 내가 너희에게 쓴 것은 너희가 태초부터 계신 이를 알았음이요, 청년들아, 내가 너희에게 쓴 것은 너희가 강하고 하나님의 말씀이 너희 속에 거하시고 너희가 흉악한 자를 이기었음이라.**

사도 요한은 이 편지를 받을 교인들을 자녀들, 아비들, 청년들 등 세 부류로 구별하여 말했다. 그것은 그들의 연령을 따라 구별한 것이라기보다 그들의 성화의 정도를 따라 구별한 것이라고 보인다.

첫째로, 자녀들 혹은 아이들은 믿은 지 얼마 되지 않은 교인들을 가리켰다고 본다. 사도 요한은 그들을 예수 그리스도의 이름으로 죄 사함을 얻었고 하나님 아버지를 알게 된 자들이라고 표현한다. 그것이 구원 얻은 성도들의 기본적 상태이다. 우리는 구주 예수 그리스도를 믿음으로 그의 보배로운 피로 죄씻음을 얻었고 또 하나님의 자녀가 되어 하나님을 아버지라고 부를 수 있게 되었다.

둘째로, 아버지들은 믿은 지 오래된 자들을 가리켰다고 본다. 연령도 많은 자들이었을 것이다. 그들은 태초부터 계신 이를 안 자들이다. 참 믿음은 태초부터 계신 하나님, 영원하신 하나님을 아는 것이다. 신앙생활은 그 하나님과 교제하는 생활이다. 주께서는 유일하신 하나님을 아는 것이 영생이라고 말씀하셨다(요 17:3). 신앙생활은 그 하나님과 사귀는 것이며 그와 동행하며 그를 섬기며 그의 뜻을 깨닫고 순종하는 것이다. 이 세상에서의 성도의 신앙생활의 여정은 바로 그 하나님을 알고 그와 교제하며 그를 더 깊이 아는 과정이다.

셋째로, 청년들은 믿음이 강하여 주님을 위하여 일할 만한 자들을 가리켰다고 본다. 그들은 악한 자를 이기었다고 표현된다. 악한 자는 사탄을 가리킨다. 청년들이 사탄을 이긴 방법은 그들이 강하고 하나님의 말씀, 성경말씀이 그들 속에 거하였기 때문이다. 하나님의 말씀은 악한 자를 이길 수 있는 무기이다. 하나님의 말씀은 성령님의 검이다(엡 6:17). 성도는 믿음 안에서 자라가며 강해져서 사탄과 악령들의 음모와 활동과 방해를 다 물리치고 하나님의 뜻을 이루어야 한다. 오늘날에도 하나님의 복음 전도와 참된 교회 건립은 영적 전쟁이며 거기에는 영적으로 강한 용사들, 전사들이 많이 요구된다.

〔15절〕 이 세상이나 세상에 있는 것들을 사랑치 말라. 누구든지 세상을 사랑하면 아버지의 사랑이 그 속에 있지 아니하니.

사도 요한은 이 세상이나 세상에 있는 것들을 사랑치 말라고 교훈한다. 우리는 왜 세상과 세상에 있는 것을 사랑하지 말아야 하는가? 그것은 세상을 사랑하는 자는 하나님을 사랑하지 않는 자이기 때문이다. '아버지의 사랑'이라는 말은 '아버지께 대한 사랑'이라는 뜻이라고 본다. 하나님께서는 "너는 나 외에는 다른 신들을 네게 있게 말지니라"고 말씀하셨다(출 20:3). 예수께서는 하나님의 모든 계명들 가운데 가장 첫째 되는 계명은 우리의 마음을 다하고 성품을 다하고 힘을 다하여 하나님을 사랑하는 것이라고 말씀하셨다(마 22:37-38; 신 6:4-5). 또 그는 우리가 하나님과 재물을 겸하여 섬길 수 없다고 말씀하셨다(마 6:24). 우리가 하나님만 섬기며 하나님만 전심전력하여 사랑하려면, 우리는 세상이나 세상에 있는 것들을 사랑할 수 없다. 하나님께서 주신 돈이나 집이나 땅은 우리가 감사하게 사용하기는 하지만, 우리가 거기에 큰 애착을 두어서는 안 된다. 심지어 하나님께서 주신 남편, 아내, 자녀들도, 하나님 안에서, 하나님의 교훈 안에서 그들을 사랑할 뿐이지 그 이상은 아니어야 한다.

〔16절〕 이는 세상에 있는 모든 것이 육신의 정욕과 안목의 정욕과 이생의 자랑이니 다 아버지께로 좇아 온 것이 아니요 세상으로 좇아 온 것이라.

우리가 이 세상을 사랑하면 아버지께 대한 사랑이 우리 속에 없는 이유는, 이 세상에 있는 모든 것이 실상 육신의 정욕과 안목의 정욕과 이생의 자랑에 속하는 것이며, 다 아버지께로부터 나온 것이 아니고 세상으로부터 나온 것이기 때문이다. 이 세상의 모든 것은 육신의 정욕 즉 음란한 욕망으로 더러워져 있다. 또 그것들은 안목의 정욕 즉 눈으로 보는 육신적 아름다움을 추구하는 것이다. 그러나 육신적 아름다움은 실상 그렇게 가치가 있지 못하다(잠 31:30). 또 이 세상의 모든 것들은 이생의 자랑 즉 이 세상에서의 자기 명예나 권세 등을 자랑하는 것이다. 이것들은 한결같이 헛된 것들임에도 불구하고 사람들은 그것들을 사랑하고 추구한다. 그러므로 하나님을 알고 천국 소망을 가진 성도들은 헛되고 죄악된 이 세상과 세상에 있는 것들을 사랑하거나 그것들을 추구하며 살아서는 안 된다.

〔17절〕 이 세상도, 그 정욕도 지나가되 오직 하나님의 뜻을 행하는 이는 영원히 거하느니라.

참으로 세상의 것들은 지나가고 만다. 또 이 세상과 함께 우리의 육신의 정욕과 안목의 정욕과 이생의 자랑도 지나가고 만다. 그래서 전도서는 세상의 모든 것들이 다 헛되다고 증거하였다(전 1:2; 12:8).

이 세상도, 그 정욕도 지나가지만 오직 하나님의 뜻을 행하는 이는 영원히 거할 것이다. 하나님의 뜻은 주 예수 그리스도를 믿고 구원 얻고 성경말씀을 다 믿고 성경의 교훈대로 경건하고 거룩하고 의롭고 선하게 사는 것이다. 특히 예수 그리스도의 명령대로 서로 사랑하는 것이다. 이렇게 하나님의 뜻을 행하는 자들만 새 하늘과 새 땅, 곧 영원한 영광의 천국에서 영생복락을 누리게 될 것이다.

본문의 교훈을 정리해보자. 첫째로, 형제를 사랑함은 빛과 어두움을 분별하는 잣대가 된다. 형제를 사랑하는 자는 빛 가운데 들어온 자이지만, 사랑치 않는 자는 아직도 어두움 가운데 살고 있는 자이다. 그렇다면 형제 사랑은 구원 얻음과 구원 얻지 못함을 분별하는 기준이 된다.

둘째로, 우리가 참으로 어두움에서 빛으로 들어온 구원 얻은 자들이라면, 우리는 형제를 사랑하는 자이어야 한다. 그러므로 주께서 피 흘려 사신 영혼, 곧 주 예수 그리스도를 믿는 형제를 사랑할 줄 모르고 미워하고 있는 자는 확실히 아직도 어두움 가운데 있는 자이다. 그러나 주 예수님 믿는 형제를 사랑하는 자는 빛 가운데 거하여 자기 속에 걸림돌이 없는 자이다. 행위는 구원의 조건은 아니나, 구원의 증거가 된다.

셋째로, 오늘날 교회에는 주님 안에서 강하고 하나님 말씀으로 준비되어 사탄과 악령들과 싸워 이길 수 있는 영적인 청년들, 좋은 군사들이 필요하다. 특히 이단 사설들이 많은 말세지말에 충성된 전사들이 많이 필요하다. 고린도전서 15:58, "그러므로 내 사랑하는 형제들아, 견고하며 흔들리지 말며 항상 주님의 일에 더욱 힘쓰는 자들이 되라." 고린도전서 16:13, "깨어 믿음에 굳게 서서 남자답게 강건하여라."

넷째로, 우리는 이 세상과 세상에 있는 것들을 사랑하지 말고 오직 하나님의 뜻만 행하는 자들이 되어야 한다. 하나님의 뜻을 행하는 것은 하나님을 경외하고 예수 그리스도를 믿고 신구약 성경말씀을 다 믿고 성경대로 사는 것이며 특히 주님의 계명대로 서로 사랑하는 것이다.

18-29절, 이단들을 조심하라

〔18절〕 아이들아, 이것이 마지막 때라. 적그리스도가 이르겠다 함을 너희가 들은 것과 같이 지금도 많은 적그리스도가 일어났으니 이러므로 우리가 마지막 때인 줄 아노라.

'적그리스도'는 예수 그리스도를 부정하고 대적하는 자들을 가리킨다. 적그리스도의 출현은 예수님의 재림과 세상 종말 징조의 하나이었다(마 24:5). 이런 종말 징조는 16세기 종교개혁시대에도 있었다. 그것은 천주교 교황이 바른 진리를 대적하고 성도들을 핍박한 일이었다. 종교개혁자들은 교황을 적그리스도라고 보았다. 21세기를 사는 우리는 종말의 징조들이 더욱 많이 이루어짐을 본다. 많은 교회들이 배교하였고 이단종파들이 번창하고 또 세계는 1, 2차 세계대전보다 더 참혹한 핵전쟁이 될 3차 세계대전의 공포를 가지고 살고 있다.

〔19절〕 저희가 우리에게서 나갔으나 우리에게 속하지 아니하였나니 만일 우리에게 속하였더면 우리와 함께 거하였으려니와 저희가 나간 것은 **다 우리에게 속하지 아니함을 나타내려 함이니라.**

이단들은 처음에 교회에 속해 있었으나 어느 날 교회를 떠나갔다. 그러나 그들은 실상 처음부터 참 교회에 속한 자들이 아니었다. 만일 그들이 참 교회에 속한 자들이었다면 그들은 그 교회를 떠나지 않았을 것이다. 현실 교회 안에는 참 신자들뿐 아니라 구원 얻지 못한 자들도 섞여 있다. 그것은 열두 제자들 중 가룟 유다가 들어있었던 것과 같다. 그는 처음부터 예수님을 믿지 않은 자이었다(요 6:64).

〔20-21절〕 너희는 거룩하신 자에게서 기름 부음[부으심]**을 받고 모든 것을 아느니라. 내가 너희에게 쓴 것은 너희가 진리를 알지 못함을 인함이 아니라 너희가 앎을 인함이요 또 모든 거짓은 진리에서 나지 않음을 인함이니라.**

성도들은 거룩하신 하나님께로부터 성령님의 기름 부음을 받았다. 사도 요한은 그들이 진리를 알기 때문에 그들에게 편지한다고 말하였다. 성령께서 진리의 영이시며 그가 그들에게 모든 진리를 깨닫고 믿게 하셨으므로, 성령의 기름 부음을 받은 그들은 이단에 대해 논하며 이단을 배격해야 할 것에 대해 말할 수 있다는 것이다.

〔22-23절〕 거짓말하는 자가 누구뇨? 예수께서 그리스도이심을 부인하는 자가 아니뇨? 아버지와 아들을 부인하는 그가 적그리스도니 아들을 부인하는 자에게는 또한 아버지가 없으되[없느니라.] (**아들을 시인하는 자에게는 아버지도 있느니라**)(전통사본에는 없음).[4]

이단들은 기독교의 기본적 교리들을 부정한다. 그들은 특히 예수께서 하나님의 아들 그리스도이심 즉 그의 신성(神性)과 속죄사역을 부인하는 자들이다. 또 그들은 교만하고 음란하고 탐욕적이다.

기독교 2천년 역사에서 가장 규모가 크고 오래된 이단은 천주교회이다. 천주교회는 하나님만 섬기지 않고 마리아를 신적 존재로 추앙하고 그에게 기도하며, 성경만 믿지 않고 교황의 무오성(無誤性)도 믿으며, 예수 그리스도의 속죄의 완전함을 믿지 않고, 예수 그리스도를 믿음으로 의롭다 하심을 얻는다는 복음 진리를 부정한다.

오늘날 더 심각한 이단은 자유주의 신학이다. 그것은 예수 그리스도의 신성, 동정녀 탄생, 그의 기적들, 그의 대속 사역, 그의 부활, 그의 승천과 재림을 부인한다. 그것은 실로 적그리스도의 사상이다. 또 성경의 교훈을 넘어 은사 체험을 강조하는 은사주의도 이단이다.

역사상 교회는 전체적으로 부패하여 배교적이게 되기도 하였다. 구약시대에 북방 이스라엘의 여로보암과 아합의 때에 그러했다. 또 16세기 종교개혁시대에 천주교회가 그러했다. 오늘날 교회 상황도 비슷하다. 경건한 선조들이 가졌던 성경적 신앙은 오늘 시대에 적합하지 않은 낡은 것으로 간주되고, 천주교회, 자유주의 신학, 은사주의의 배교에 대한 책망은 사랑 없는 극단적 입장이라고 배척을 받는다.

---

4) Byz vg^{ms} cop^{bo-ms} 등은 생략함.

〔24절〕 너희는 처음부터 들은 것을 너희 안에 거하게 하라. 처음부터 들은 것이 너희 안에 거하면 너희가 아들의 안과 아버지의 안에 거하리라.

'처음부터 들은 것'은 교회가 사도들로부터 받은 복음 진리를 가리킨다. 그것은 예수께서 하나님의 아들 그리스도이시며 그의 죽음이 우리의 죄를 대속하셨고 우리가 그를 믿음으로 죄사함과 의롭다 하심과 영생을 얻고 하나님의 자녀가 된다는 내용이다. 사도 요한은 이 내용을 "너희 안에 거하게 하라"고 말한다. "너희 안에 거하게 하라"는 말씀은 그 진리를 믿고 그것을 지키라는 것이다. 우리는 사도들을 통해 전달된 기독교 신앙을 바르게 깨닫고 굳게 믿고 붙들어야 한다. 그것이 옛신앙이며 보수신앙이다. 우리는 19세기 중엽 이후 일어난 각종 이단종파들과 현대 자유주의 신학과 교회연합운동과 은사주의를 경계해야 한다. 우리가 성경의 바른 진리를 믿고 지킬 때, 우리는 하나님의 아들과 하나님 아버지 안에 거하게 될 것이다. 하나님과의 이런 영적 연합이 구원 얻은 성도의 정상적인 신앙생활이다.

〔25절〕 그가 우리에게 약속하신 약속이 이것이니 곧 영원한 생명이니라.

예수 그리스도의 복음 안에서 하나님께서 우리에게 주신 약속은 영생 곧 영원한 생명이다. 죄는 죽음을 가져왔지만, 예수 그리스도의 대속 사역과 그를 믿음으로 얻는 죄씻음과 의롭다 하심은 우리에게 영생을 준다. 우리는 영생을 이미 얻었고(요 5:24) 현재 충만히 누리고 있지는 못하지만 장차 충만히 경험하며 누리게 될 것이다.

〔26-27절〕 너희를 미혹케 하는 자들에 관하여 내가 이것을 너희에게 썼노라. 너희는 주께 받은 바 기름 부음[부으심]이 너희 안에 거하나니 아무도 너희를 가르칠 필요가 없고 오직 그의 기름 부음[부으심]이 모든 것을 너희에게 가르치며 또 참되고 거짓이 없으니 너희를 가르치신 그대로 주[님] 안에 거하라.

사도 요한은 성도들로 하여금 그들을 미혹케 하는 이단들을 조심시키려 하고 있다. 그들은 예수께서 하나님의 아들 그리스도이심과 그의 대속(代贖)으로 말미암은 죄씻음과 영생의 복을 부정하는 자들이다. 그 불신앙은 결국 사람을 죄 가운데서 멸망하게 하기 때문에 우리는 이런 이단들을 매우 경계해야 하는 것이다.

모든 성도에게는 성령님의 기름 부으심이 있다. 성령께서는 완전하고 참된 교사이시기 때문에, 교회에서 인간 교사가 꼭 필요한 것은 아니다. 물론 하나님께서는 교회 안에 인간 교사들을 주셨다(고전 12:28; 엡 4:11). 그러나 우리는 가장 좋은 교사이신 성령님을 모시고 있기 때문에 그를 통하여 하나님의 모든 진리를 배우고 깨닫고 확신할 수 있다. 또 그의 진리는 참되고 거짓이 없으시다. 주께서는 성령께서 오셔서 모든 것을 가르치실 것이며(요 14:26) 그들을 모든 진리 가운데로 인도하실 것이라고 말씀하셨었다(요 16:13).

그러므로 사도 요한은 "너희를 가르치신 그대로 주님 안에 거하라"고 말하였다. 성령께서 가르쳐 주신 진리들은 교회가 처음부터 배운 내용과 일치한다. 성령님의 교훈은 예수님의 교훈과 동일하다. 그러므로 '너희를 가르치신 그대로'라는 말씀은 '너희가 처음부터 들은 바'라는 말씀과 동일하다. 신약성도들은 처음부터 사도들을 통해 듣고 배운 복음 진리, 곧 성령께서 가르쳐 주신 그 진리의 말씀을 그대로 믿고 지켜야 하며, 그것이 주님 안에 거하는 표시가 된다.

〔28-29절〕 [어린] **자녀들아, 이제 그 안에 거하라. 이는 주께서 나타내신 바 되면 그의 강림하실 때에 우리로 담대함을 얻어 그 앞에서 부끄럽지 않게 하려 함이라. 너희가 그의 의로우신 줄을 알면 의를 행하는 자마다 그에게서 난 줄을 알리라.**

사도 요한은 우리가 주님 안에 거해야 함을 강조한다. '주님 안에 거한다'는 말은 믿음과 순종의 삶을 가리킨다고 본다. 사도 요한은 우리가 이렇게 주님 안에 거하게 되면, 주께서 재림하실 때 담대함을 얻고 그 앞에서 부끄럽지 않게 될 것이라고 말했다. 재림 소망은 우리의 최대의 소망이다. 그때 우리는 영광의 부활과 천국을 보게 될 것이다. 우리의 소망은 오직 거기에 있다. 성도들의 참된 신앙생활의 목표는 바로 주님의 재림의 날에 그 앞에 담대히 서는 것이다. 그러나 그 날에 부끄러움을 당할 자들도 있을 것이다. 그들은 바른 믿음을 가지지 못하고 말씀에 순종하지 않았던 자들이다.

우리가 주님의 의로우심을 안다면 의를 행하는 자마다 그에게서 난 줄도 알 것이다. 여기에 성도가 거듭난 증거가 있다. 여기에 신앙과 행위의 일치가 있다. 중생한 자는 바른 신앙, 역사적 기독교 신앙, 옛 신앙을 가질 뿐만 아니라, 또한 죄를 버리고 의를 행하는 삶을 산다. 다시 말해, 성도들의 중생의 증거는 바른 믿음과 의로운 삶이다.

본문의 교훈을 정리해보자. 첫째로, 우리는 말세의 한 징조로서 나타나는 이단들을 조심해야 한다. 이단들은 하나님께 속한 자들이 아니다. 이단들은 예수께서 하나님의 아들 그리스도이시며 그의 죽음이 우리의 죄를 단번에 대속하신 죽음임을 부인하는 자들이다. 또 그들은 교만하고 음란하고 탐욕적이다. 우리는 이런 이단들을 조심해야 한다. 우리는 천주교회를 분별하고 각종 이단종파들을 분별하고 멀리하고, 자유주의 신학을 분별하고 멀리하고 또 은사주의를 분별하고 멀리해야 한다.

둘째로, 구원 얻은 성도들은 이단들을 분별할 수 있다. 왜냐하면 그들에게는 성령님의 기름 부음이 있기 때문이다(20, 27절). 예수님을 주님이라고 부르는 자마다(고전 12:3) 또 하나님을 아버지라고 부르는 자마다(롬 8:15), 성령께서 그들 안에 거하신다. 성령께서는 모든 성도들 안에 거하신다(롬 8:9; 엡 1:13). 성령께서는 진리의 영이시므로, 그는 우리에게 진리를 가르쳐주시며 우리로 진리와 비진리를 분별케 하신다.

셋째로, 우리는 주님 안에 거해야 한다. 사람이 중생하고 구원 얻었을 때 주 예수 그리스도와 영적으로 연합한다. 중생의 증거는 회개와 믿음이다. 그러므로 우리는 모든 죄를 버리고 오직 예수님만 믿고 또 그가 명하신 대로 서로 사랑하고 의와 선을 행해야 한다. 우리는 믿음과 순종의 삶으로 우리가 주님 안에 거하고 있다는 것을 증거해야 한다.

3장: 형제를 사랑함은 생명에 들어간 증거

1-10절, 죄를 짓지 말라

〔1절〕 보라, 아버지께서 어떠한 사랑을 우리에게 주사 하나님의 자녀라 일컬음을 얻게 하셨는고. (우리가 그러하도다)(전통사본에는 없음).[5] **그러므로 세상이 우리를 알지 못함은 그를 알지 못함이니라.**

우리는 전에 죄인이요 마귀에게 속한 자들이었으나, 하나님 아버지의 지극한 사랑으로 구원을 얻어 죄사함과 의롭다 하심을 얻었고 하나님의 자녀의 신분을 회복했다. 그러나 세상은 이 복을 알지 못한다. 세상 사람들은 우리가 얻은 의(義)나 하나님의 자녀 됨을 알지 못한다. 그것은 그들이 하나님에 대해 알지 못하기 때문이다.

〔2절〕 사랑하는 자들아, 우리가 지금은 하나님의 자녀라. 장래에 어떻게 될 것은 아직 나타나지 아니하였으나 그가 나타내심이 되면 우리가 그와 같을 줄을 아는 것은 그의 계신 그대로 볼 것을 인함이니.

하나님의 자녀들의 장래 영광의 모습은 아직 나타나지 않았다. 그것은 주께서 나타내심이 될 때 즉 그가 다시 오실 때 나타날 것이다. 그때 우리는 그와 같이 영광스런 모습으로 나타날 것이다. 우리가 그의 영광의 모습을 보듯이, 우리도 영광스러운 몸으로 변화될 것이다. 사도 바울은 빌립보서 3:20-21에서 "우리의 시민권은 하늘에 있는지라. 거기로서 구원하는 자 곧 주 예수 그리스도를 기다리노니 그가 만물을 자기에게 복종케 하실 수 있는 자의 역사로 우리의 낮은 몸을 자기 영광의 몸의 형체와 같이 변케 하시리라"고 말했다.

〔3절〕 주[님]를 향하여 이 소망을 가진 자마다 그의 깨끗하심과 같이 자기를 깨끗하게 하느니라.

---

5) Byz vg^{ms} 등은 생략함.

성도들은 주 예수님의 재림과 그때 이루어질 영광스런 몸의 변화를 소망한다. 로마서 8:23, "우리 곧 성령님의 처음 익은 열매를 받은 우리까지도 속으로 탄식하여 양자(養子) 될 것 곧 우리 몸의 구속(救贖)을 기다리느니라." 또 성도들은 이런 소망을 가지고 있기 때문에 주님의 깨끗하심과 같이 자신들을 깨끗하게 한다. 우리가 하나님의 영광스런 자녀라면 죄를 짓지 말고 깨끗하고 거룩한 삶을 살아야 한다. 천국을 소망하는 자는 천국 백성답게 살아야 한다.

〔4-5절〕 **죄를 짓는 자마다 불법을 행하나니 죄는 불법이라. 그가 우리 죄를 없이하려고 나타내신 바 된 것을 너희가 아나니 그에게는 죄가 없느니라.**

죄는 불법, 곧 하나님의 법을 어기는 것이다. 하나님의 아들 예수께서 사람이 되어 이 세상에 오신 것은 바로 우리의 죄를 없이하시기 위해서이었다. 죄 없으신 그는 우리의 죄 때문에, 우리의 죄를 담당하시고 죽으셨다. 그러므로 우리는 더 이상 죄를 짓지 말아야 한다.

〔6절〕 **그 안에 거하는 자마다 범죄하지**(하마르타네이 ἁμαρτάνει; 현재시제)[계속 범죄하지](NIV) **아니하나니 범죄하는**(하마르타논 ἁμαρτάνων; 현재시제)[계속 범죄하는](NIV) **자마다 그를 보지도 못하였고 그를 알지도 못하였느니라.**

우리가 주님 안에 거한다면 우리는 계속 범죄치 않아야 한다. 원문에 '범죄하지,' '범죄하는'이라는 말은 현재시제로서 계속적 행위를 나타낸다(NIV). 구원 얻은 성도는 계속 범죄하거나 계속 죄 가운데 머물러 있을 수 없다. 만일 누가 계속 죄 가운데 머물러 있다면, 그는 하나님을 알지 못하는 자요 예수 그리스도를 알지 못하는 자일 것이다. 주께서 주신 구원의 새 생명은 거룩한 성향이다. 예수님을 믿음으로 구원 얻은 성도는 실제로 행동과 삶에 변화가 일어난다.

〔7-8절〕 [어린] **자녀들아, 아무도 너희를 미혹하지 못하게 하라. 의를 행하는 자는 그의 의로우심과 같이 의롭고 죄를** [계속] **짓는 자는 마귀에게 속**

하나니(에크 투 디아볼루 에스틴 ἐκ τοῦ διαβόλου ἐστίν)[혹은 '마귀에게서 난 자이니'] **마귀는 처음부터 범죄함이니라. 하나님의 아들이**[께서] **나타나신 것은 마귀의 일을 멸하려 하심이니라.**

성도는 누구에게든지 속임을 받지 말아야 한다. 세상에는 성도를 속이며 범죄케 하는 자들이 많다. 주께서는 의로우시며 의를 행하는 자는 의로우나 죄를 짓는 자는 마귀에게 속한 자이다. 마귀에게 속한 자라는 말은 마귀에게서 난 자라는 뜻도 가진다. 그것은 죄를 짓는 자의 근원을 나타낸다. 마귀는 처음부터 범죄한 자이며 사람을 범죄케 한 자이고 범죄케 하는 자이다. 요한복음 8:44, "너희는 너희 아비 마귀에게서 났으니 너희 아비의 욕심을 너희도 행하고자 하느니라." 죄를 계속 짓는 자는 마귀에게서 난 자이며 마귀에게 속한 자이다.

하나님의 아들께서 나타나신 것, 즉 하나님의 아들께서 사람이 되어 이 세상에 오신 목적은 마귀의 일을 멸하려 하심이다. 하나님께서는 에덴 동산에서 뱀에게 "내가 너로 여자와 원수가 되게 하고 너의 후손도 여자의 후손과 원수가 되게 하리니 여자의 후손은 네 머리를 상하게 할 것이요 너는 그의 발꿈치를 상하게 할 것이니라"고 말씀하셨었다(창 3:15). 이 말씀대로, 하나님의 아들께서 오셔서 십자가에 죽으심으로 대속 사역을 이루심으로써 마귀의 일을 멸하셨다.

〔9절〕 하나님께로서 난 자마다 죄를 짓지 아니하나니(하마르티안 우 포이에이 ἁμαρτίαν οὐ ποιεῖ)[계속 죄를 짓지 않나니] **이는 하나님의 씨가 그의 속에 거함이요 저도** [계속] **범죄치 못하는 것은 하나님께로서 났음이라.**

하나님께로서 난 자 곧 중생한 자는 계속 죄를 짓지 않는다. '죄를 짓지 않는다'는 원어의 현재시제는 계속적 행위를 나타낸다고 보인다(NIV). 중생한 자들도 때때로 실수하고 범죄할 수 있지만, 계속 죄를 짓거나 죄 가운데 거하지는 않는다는 뜻이다. 사도 요한이 강조하고자 하는 바는 중생한 성도가 죄를 짓지 않아야 한다는 것이다. 중생한 자는 계속 죄를 짓거나 죄 가운데 머물러 있어서는 안 된다.

사도 요한은 중생한 자가 죄를 짓지 아니하는 이유를 말하기를, "이는 하나님의 씨가 그의 속에 거함이요"라고 하였다. '하나님의 씨'는 새 생명을 가리킨다. 중생할 때 심어지는 이 생명은 범죄할 수 없는 생명이요 의만을 행하려는 생명이다. 중생한 영혼 속에는 이 생명의 씨가 심어져 있다. 그렇기 때문에 중생한 영혼은 그 지배적 성향에 거룩한 변화가 있다. 전에는 무지와 부도덕이 그를 지배했었으나, 이제는 지식과 도덕성이 그를 지배한다. 그러므로 중생한 자도 때때로 넘어지는 것이 사실이지만, 그는 법적으로 완전히 거룩하게 되었고 의롭다 하심을 얻었고(이것이 칭의의 진리임) 또 실제적으로도 죄를 버리고 의를 행하기 위해 힘쓰는 것이다(이것이 성화의 진리임).

〔10절〕 이러므로(엔 투토 ἐν τούτῳ)[이 점에서] **하나님의 자녀들과 마귀의 자녀들이 나타나나니 무릇 의를 행치 아니하는 자나 또는 그 형제를 사랑치 아니하는 자는 하나님께 속하지**[하나님께로서 나지] **아니하니라.**

'이 점에서'란 성도가 죄를 짓느냐, 안 짓느냐 하는 점에서라는 뜻이다. 사도 요한은 하나님의 자녀와 마귀의 자녀의 차이가 그 사람이 계속적으로 죄 가운데 사느냐 아니면 즉시 회개하고 죄를 버리고 의를 행하려고 결심하고 노력하느냐 하는 점에서 드러난다고 말한다. 그는 누구든지 의를 행치 않거나 그 형제를 사랑하지 않는 자는 하나님께로서 난 자가 아니라고 말한다. 어떤 사람이 하나님의 자녀인지 혹은 마귀의 자녀인지는 그가 죄를 멀리하고 의를 행하는 것과 형제를 사랑하는 것, 이 두 가지 점의 실천 여부에서 구별된다는 뜻이다.

본문의 교훈을 정리해보자. 첫째로, 우리는 우리 몸의 영광스런 변화를 소망한다. 2절, "사랑하는 자들아, 우리가 지금은 하나님의 자녀라. 장래에 어떻게 될 것은 아직 나타나지 아니하였으나 그가 나타내심이 되면 우리가 그와 같을 줄을 아는 것은 그의 계신 그대로 볼 것을 인함이니." 우리는 장차 예수 그리스도의 영광스런 부활의 몸과 같은 몸을 입을 것이다. 우리는 그 영광스런 몸을 가지고 천국에서 영생할 것이다. 고린도전서 15:42-43, “죽은 자의 부활도 이와 같으니 썩을 것으로 심고 썩지 아니할 것으로 다시 살며 욕된 것으로 심고 영광스러운 것으로 다시 살며 약한 것으로 심고 강한 것으로 다시 살며.” 빌립보서 3:21, “그가 만물을 자기에게 복종케 하실 수 있는 자의 역사로 우리의 낮은 몸을 자기 영광의 몸의 형체와 같이 변케 하시리라.” 구원 얻은 성도는 최종적으로 영광스런 몸으로 부활하거나 변화되어 영생할 것이다.

둘째로, 우리에게는 이 소망이 있기 때문에 우리는 죄를 멀리하고 자신을 깨끗케 해야 한다. 5절, “그가 우리 죄를 없이 하려고 나타내신 바 된 것을 너희가 아나니.” 8절, “죄를 계속 짓는 자는 마귀에게서 난 자이니 마귀는 처음부터 범죄함이니라. 하나님의 아들께서 나타나신 것은 마귀의 일을 멸하려 하심이니라.” 예수 그리스도께서 이 땅에 오셔서 십자가에 죽으신 것은 우리를 깨끗케 하시기 위함이었다. 하나님의 뜻은 우리의 거룩함이다. 데살로니가전서 4:3, “하나님의 뜻은 이것이니 너희의 거룩함이라. 곧 음란을 버리라.” 천국은 죄가 전혀 없는 곳이며 죄 없는 사람들만 사는 곳이다. 그러므로 우리가 장차 천국에서 영생할 자들일진대, 우리는 모든 죄를 버리고 자신을 깨끗케 해야 한다.

셋째로, 우리는 중생한 성도의 표를 가진 자가 되어야 한다. 6절, “그 안에 거하는 자마다 계속 범죄하지 아니하나니 계속 범죄하는 자마다 그를 보지도 못하였고 그를 알지도 못하였느니라.” 9절, “하나님께로서 난 자마다 계속 죄를 짓지 아니하나니 이는 하나님의 씨가 그의 속에 거함이요 저도 범죄치 못하는 것은 하나님께로서 났음이라.” 그러므로 사도 요한은 중생한 성도의 표를 두 가지로 요약한다. 10절, “이러므로 하나님의 자녀들과 마귀의 자녀들이 나타나나니 무릇 의를 행치 아니하는 자나 또는 그 형제를 사랑치 아니하는 자는 하나님께로서 나지 아니하였느니라.” 하나님의 자녀들과 마귀의 자녀들은 분명하게 구분된다. 그 표는 죄를 버리고 의를 행하는 것과 형제를 사랑하는 것이다.

11-24절, 형제를 사랑함은 생명에 들어간 증거

〔11-12절〕 우리가 서로 사랑할지니 이는 너희가 처음부터 들은 소식이라. 가인같이 하지 말라. 저는 악한 자에게 속하여 그 아우를 죽였으니 어찌연고로 죽였느뇨? 자기의 행위는 악하고 그 아우의 행위는 의로움이니라.

요한은 아담의 아들 가인의 예를 들면서 우리가 가인같이 형제를 미워하고 죽이는 악을 행치 말고 서로 사랑해야 한다고 말한다. 형제를 사랑하는 것은 우리가 하나님께로부터 난 자라는 것을 증거하는 표가 된다. 의인들과 악인들은 그들의 행위로 드러난다.

〔13-15절〕 형제들아, 세상이 너희를 미워하거든 이상히 여기지 말라. 우리가 형제를 사랑함으로 사망에서 옮겨 생명으로 들어간 줄을 알거니와 사랑치 아니하는 자는 사망에 거하느니라. 그 형제를 미워하는 자마다 살인하는 자니 살인하는 자마다 영생이 그 속에 거하지 아니하는 것을 너희가 아는 바라.

세상 사람들이 신자들을 미워하는 것은 이상한 일이 아니다. 왜냐하면 미움은 사망 아래 있다는 표이기 때문이다. 그러나 만일 구원 얻은 우리가 서로 미워한다면, 우리는 하나님의 자녀가 아니고 세상에 속한 자일 것이며, 우리는 영생의 구원을 얻은 자가 아니고 아직도 사망에 거하는 자일 것이다. 그러므로 영생의 구원을 얻은 자는 서로 사랑해야 한다. 형제를 사랑함은 구원과 새 생명의 표이다. 우리가 형제를 사랑할 때 사망에서 옮겨 생명으로 들어간 줄을 알지만, 형제를 사랑함이 없는 자는 아직도 사망에 거하는 자일 것이다.

그 이유는 분명하다. 그것은, 형제를 미워하는 자는 살인하는 자요 살인하는 자는 영생이 그 속에 거할 수 없기 때문이다. 물론, 살인은 실제로 사람을 죽이는 행위이다. 침략 전쟁이나 폭탄 테러는 살인의 행위이다. 현대 사회의 큰 죄인 낙태도 살인이다. 그러나 이런 죄악뿐 아니라, 가정이나 직장이나 교회에서 가족이나 동료나 교우를 미워하는 것도 살인이다. 살인하는 자들은 영생을 소유한 자가 아니다. 교회 안에서 누가 형제를 미워한다면 그는 구원 얻지 못한 자일 것이다.

〔16절〕 그가 우리를 위하여 목숨을 버리셨으니 우리가 이로써 사랑을 알고 우리도 형제들을 위하여 목숨을 버리는 것이 마땅하니라.

형제 사랑의 본은 예수님이시고 형제 사랑의 목표는 목숨을 버리는 것까지이다. 예수께서는 죄 많은 우리를 위해 자기 목숨을 버리셨다. 그는 사람이 친구를 위해 자기 목숨을 버리면 이보다 더 큰 사랑이 없다고 말씀하셨다(요 15:13). 그가 우리를 위해 십자가에 죽으심으로 자기 목숨을 버리심은 그가 우리를 사랑하셨음을 확증한다. 그것은 가장 큰 사랑이었다. 우리가 이렇게 큰 사랑을 받았기 때문에 우리도 형제를 사랑하고 형제를 위해 목숨을 버리는 것이 마땅하다.

〔17-18절〕 누가 이 세상 재물을 가지고 형제의 궁핍함을 보고도 도와줄 마음을 막으면 하나님의 사랑이 어찌 그 속에 거할까보냐? [어린] **자녀들아, 우리가 말과 혀로만 사랑하지 말고 오직 행함과 진실함으로 하자.**

사랑은 선한 행위로 나타난다. 돈 있는 자가 가난한 이웃을 돕는 것이 사랑이다. 우리가 하나님의 사랑을 받은 자라면 우리는 우리의 삶의 현실에서 사랑을 실천해야 한다. 우리가 주님의 교훈대로 형제를 위해 목숨까지 버리기를 원한다면 가난한 형제를 구제하는 것은 큰 일이 아닐 것이다. 목숨은 돈보다 더 귀하다. 야고보서 2:15-17은 "만일 형제나 자매가 헐벗고 일용할 양식이 없는데 너희 중에 누구든지 그에게 이르되 평안히 가라, 더웁게 하라, 배부르게 하라 하며 그 몸에 쓸 것을 주지 아니하면 무슨 이익이 있으리요? 이와 같이 행함이 없는 믿음은 그 자체가 죽은 것이라"고 말하였다.

〔19절〕 이로써 우리가 진리에 속한 줄을 알고 또 우리 마음을 주[님] **앞에서 굳세게 하리로다**[확신케 되리로다].

'이로써'라는 말은 사랑을 실천함으로써라는 뜻이다. 우리가 형제를 사랑할 때 우리는 진리에 속한 자임을 알게 된다. 그는 앞에서도 진리에 대해 자주 말했다. 진리를 행함에 대해(1:6), 진리가 우리 속에 있음에 대해(1:8; 2:4), 진리를 앎에 대해(2:21) 말하였다. 그가 말하는 진리는 예수 그리스도에 관한 진리를 가리킨다. 그것이 신약성경이 말하는 진리이다. 우리는 서로 사랑할 때 우리가 진리에 속한 자임을 스스로 알게 된다. 형제를 사랑함은 성도가 진리에 속한 표이다.

또 우리가 형제를 사랑할 때 우리가 진리 안에 있다는 것을 우리 마음이 주님 앞에서 확신케 된다. 그것은 또 우리 자신이 구원을 얻었다는 것을 확신하는 것이며 진리 안에서 또 그 구원 안에서 평안함을 누리는 것을 가리킨다. 사람은 죄를 지을 때 두려움을 가진다. 악인에게는 평안이 없다(사 48:22; 57:21). 그러나 우리가 진리를 행하면 우리는 두려움 대신에 확신과 평안과 담대함을 가지게 되는 것이다.

〔20-22절〕 [이는] **우리 마음이 혹 우리를 책망**[정죄](NASB)**할 일이 있거든 하물며 우리 마음보다 크시고 모든 것을 아시는 하나님일까 보냐?**[보냐 함이라.] **사랑하는 자들아, 만일 우리 마음이** 우리를 **책망**[정죄]**할 것이 없으면 하나님 앞에서 담대함을 얻고 무엇이든지 구하는 바를 그에게 받나니 이는 우리가 그의 계명들을 지키고 그 앞에서 기뻐하시는 것을 행함이라.**

우리가 서로 사랑할 때 확신과 평안과 담대함을 얻는 이유는, 우리 마음이 우리를 정죄할 일이 있으면 우리 마음보다 크시고 모든 것을 아시는 하나님 앞에서 확신과 평안과 담대함을 얻을 수 없지만, 우리 마음이 우리를 정죄할 일이 없으면 하나님 앞에서 담대함을 얻을 수 있기 때문이다. 물론 우리는 예수 그리스도의 피로 말미암아 하나님께 나아갈 담력을 얻었다(히 10:19). 그러나 우리는 범죄하면서 담력을 가질 수는 없고 하나님의 뜻을 순종할 때 더욱 담력을 얻는 것이다. 잠언은 "악인은 쫓아오는 자가 없어도 도망하나 의인은 사자같이 담대하니라"고 말했다(잠 28:1). 우리는 의롭게 살 때 담력을 얻는다.

순종의 또 하나의 결과는 기도의 응답이다. 마태복음 7장에 보면, 예수께서는 제자들에게 기도의 응답에 대해 교훈하시면서 결론적으로 "그러므로 무엇이든지 남에게 대접을 받고자 하는 대로 너희도 남을 대접하라"고 말씀하셨다. 이것은, 우리가 기도에 대한 하나님의 응답을 원한다면 먼저 하나님을 기쁘시게 하고 그의 뜻을 순종하는 자가 되어야 한다고 교훈하신 것이다. 우리는 죄를 범하면서 하나님께서 우리의 기도를 들어주실 것이라고 기대할 수는 없다.

〔23절〕 그의 계명은 이것이니 곧 그 아들 예수 그리스도의 이름을 믿고 그가 우리에게 주신 계명대로 서로 사랑할 것이니라.

하나님의 계명은 두 마디로 요약된다. 첫째는 하나님의 아들 예수 그리스도의 이름을 믿는 것이다. 예수께서는 "때가 찼고 하나님 나라가 가까웠으니 회개하고 복음을 믿으라"고 말씀하셨고(막 1:14-15), 사도 바울은 "주 예수님을 믿으라. 그리하면 너와 네 집이 구원을 얻으리라"고 말했다(행 16:31). 둘째는 주 예수님의 계명대로 서로 사랑하는 것이다. 주 예수께서는 "새 계명을 너희에게 주노니 서로 사랑하라"고 말씀하셨다(요 13:34). 사랑은 율법의 완성이다(롬 13:10).

〔24절〕 그의 계명들을 지키는 자는 주[님] 안에 거하고 주는[께서는] 저 안에 거하시나니 우리에게 주신 성령[님]으로 말미암아 그가 우리 안에 거하시는 줄을 우리가 아느니라.

우리가 예수 그리스도를 믿고 그의 계명대로 서로 사랑할 때 우리는 주님 안에 거하고 주께서도 우리 안에 거하신다. 이것은 영적 연합을 나타낸다. 예수께서는 요한복음 15장에 기록된 포도나무 비유에서 그는 참 포도나무이시며 우리는 그 가지라고 비유하시면서 우리가 주 안에 거하면 주께서도 우리 안에 거하실 것이고 그러면 열매를 많이 맺을 것이라고 말씀하셨다(요 15:1-5).

우리는 중생할 때 주님과 영적으로 한 몸이 된다. 죄는 하나님과 사람을 분리시켰었다. 그러나 죄인이 죄씻음과 의롭다 하심의 구원을 얻을 때 즉 그의 죽었던 영이 다시 살리심을 받아 중생할 때, 그는 주님과 영적으로, 신비적으로 연합되는 것이다. 그때 우리는 하나님의 영원한 생명을 얻게 되고 주님 안에 거하게 된다.

주께서 우리 안에 거하신다는 표는 성령께서 우리 속에 오신 것이다. 성령께서는 하나님의 영이신 동시에 예수 그리스도의 영이시며(롬 8:9; 갈 4:6) 그가 우리 안에 계신 것은 주께서 우리 속에 계신 것과 같다. 그러므로 사도 바울은 고린도후서 13:5에서, "너희가 믿음에 있는가 너희 자신을 시험하고 너희 자신을 확증하라. 예수 그리스도께서 너희 안에 계신 줄을 너희가 스스로 알지 못하느냐? 그렇지 않으면 너희가 버리운 자니라"라고 말하였다.

그런데 이렇게 하나님과 연합되었고 성령께서 우리 안에 계시다는 사실은 우리가 하나님의 계명을 순종할 때 더욱 확인되고 확증되는 것이다. 우리가 하나님의 은혜로 오직 주 예수 그리스도를 믿음으로 얻은 구원은 실제로 죄를 멀리하고 하나님의 계명을 순종함으로써 확인되고 확증된다. 우리는 하나님의 은혜로 예수 그리스도를 믿음으로 구원을 얻었으며, 의와 선을 행하고 형제를 사랑함을 실천하는 우리의 행위는 우리가 받은 그 구원을 확증하는 것이다.

본문의 교훈을 정리해보자. 첫째로, 형제를 미워하는 자는 살인하는 자이며 살인하는 자에게는 영생이 거하지 않지만, 형제를 사랑하는 자는 사망에서 옮겨 생명에 들어간 표, 즉 구원의 표를 가진 자이다. 우리가 예수님 믿고 구원 얻은 자일진대, 우리는 서로 사랑해야 한다.

둘째로, 우리의 형제 사랑의 목표는 주께서 가르치시고 모범을 보이신 바와 같이 우리의 목숨까지 버리는 것이며 한 구체적 실천 방법은 가난하고 궁핍한 형제와 이웃을 돌아보며 구제하는 행위이다. 우리가 형제에게 선을 베풀고 구제하는 것은 형제 사랑의 작은 실천이다.

셋째로, 우리가 형제 사랑을 실천할 때 우리는 마음에 평안과 담대함을 얻으며, 하나님께 한 기도의 응답을 받으며, 우리가 주님 안에 거하는 자임을 알게 된다. 하나님의 뜻은 우리가 예수 그리스도를 믿고 죄 사함과 의롭다 하심의 구원을 얻고 서로 사랑하며 사는 것이다.

4장: 형제 사랑은 하나님의 사랑에 대한 응답

1-11절, 형제 사랑은 하나님의 사랑에 대한 응답

〔1절〕 사랑하는 자들아, 영을 다 믿지 말고 오직 영들이 하나님께 속하였나(에이 에크 투 데우 에스틴 εἰ ἐκ τοῦ θεοῦ ἐστιν)[하나님께로서 나왔나](NASB, NIV) **시험하라. 많은 거짓 선지자가 세상에 나왔음이니라.**

우리는 영들을 다 믿지 말아야 한다. 영은 사상을 가지고 있다. 그것은 말과 교훈으로 나타난다. 우리는 사람의 사상과 가르침들을 다 믿지 말고 그것이 하나님께로부터 나왔는지 시험해야 한다. 우리는 어떤 사상이 하나님께로부터 나온 것인지 분별해야 한다. 왜냐하면 많은 거짓 목사들이 세상에 나왔기 때문이다. 우리가 아무 사상이나 따라간다면 우리는 사탄에게 속아넘어가는 자가 될 것이다.

〔2-3절〕 하나님의 영은 이것으로 알지니 곧 예수 그리스도께서 육체로 오신 것을 시인하는 영마다 하나님께 속한[혹은 '하나님께로서 난'] **것이요, 예수를**[예수 그리스도께서 육체로 오신 것을][6] **시인하지 아니하는 영마다 하나님께 속한**['하나님께로서 난'] **것이 아니니, 이것이 곧 적그리스도의 영이니라. 오리라 한 말을 너희가 들었거니와 이제 벌써 세상에 있느니라.**

영을 분별하는 기준은 예수 그리스도께서 육체로 오셨다는 사실을 고백하는 여부이다. 예수께서 육체로 오신 것이라는 말은 영원하신 하나님의 아들께서 사람이 되신 일, 즉 성육신(成肉身)을 말한다(요 1:1, 14). 그것은 예수께서 하나님이신 동시에 사람이신 독특한 인격이심을 말한다. 예수 그리스도의 성육신을 고백하는 영은 하나님께로서 난 영이지만, 그의 성육신을 고백하지 않는 영은 하나님께로서 나오지 않은 영이며, 그것이 적그리스도의 영이다.

성육신의 교리는 기독교의 핵심 교리 중 하나이며 단지 그 교리뿐

---

6) Byz (ℵ vg^{ms} syr^{p} arm) $Origen^{lat\ 1/3}$ (Cyprian) 등에 있음.

아니라 성경의 근본교리들을 부정하는 것은 하나님께로서 난 영이 아니고 예수 그리스도를 대적하는 적그리스도의 영이며 거짓된 영이다. 왜냐하면 하나님께서 그 근본교리들을 주셨기 때문이다. 적그리스도의 영을 가진 거짓 목사들은 주의 예언하신 대로 사도 요한 당시에 벌써 세상에 왔다(마 24:5, 11, 24). 이미 말세가 시작되었다.

〔4절〕 [어린] **자녀들아, 너희는 하나님께 속하였고**[하나님께로서 났고] **또 저희를 이기었나니 이는 너희 안에 계신 이가 세상에 있는 이보다 크심이라.**

하나님께로서 났다는 말은 중생(重生)하였다는 뜻이다. 또 중생한 자들은 저 거짓 목사들에게 미혹되지 않았고 그들을 배격하고 이겼다. 왜냐하면 성도들 안에 계신 성령께서 세상에 있는 사탄보다 크시기 때문이다. 성령께서는 구원하신 성도들을 끝까지 지키신다.

사도 바울은 고린도 교인들에게 다른 예수와 다른 복음을 전하는 자들은 거짓 사도요 거짓의 일꾼이라고 말했다(고후 11:4, 13-15). 또 그는 갈라디아 교인들에게는 "우리나 혹 하늘로부터 온 천사라도 우리가 너희에게 전한 복음 외에 다른 복음을 전하면 저주를 받을지어다"라고 말했다(갈 1:6-8). 오늘날 하나님께로서 나지 않은 적그리스도의 영 즉 이단들이 많다. 천주교회와, 여호와의 증인, 몰몬교, 안식교, 통일교, 신천지 등 많은 이단 종파들과, 자유주의 신학을 따르는 목사들과, 성경 교훈을 넘어서는 자들인 은사주의자들이 그러하다.

〔5-6절〕 저희는 세상에 속한[혹은 '세상에서 난'] **고로 세상에 속한**['세상에서 난'] **말을 하매 세상이 저희 말을 듣느니라. 우리는 하나님께 속하였으니 하나님을 아는 자는 우리의 말을 듣고 하나님께 속하지 아니한 자는 우리의 말을 듣지 아니하나니 진리의 영과 미혹의 영을 이로써 아느니라.**

저 거짓 교사들은 세상에서 나왔고 세상에 속했기 때문에 세상에서 나온 혹은 세상에 속한 말을 하며 세상 사람들이 저희 말을 듣는다. 세상은 하나님을 섬기지 않고 예수 그리스도를 믿지 않는 자들을 가리키는 말이다. 그들 중에 어떤 이들은 교회에 다니기도 하며 예배에 참석하기도 하며 또 심지어 세례를 받았을 수도 있고 교회의 직분을 가졌을 수도 있다. 예수님 당시의 대제사장들과 장로들이 그러했다. 그러나 그들은 하나님께로서 나지 않았고 하나님께 속하지 않았으므로 바른 교훈, 역사적 기독교를 듣지 않고 좋아하지 않는다.

주 예수께서는 하나님께서 심지 않으신 자들은 그의 교훈에 걸려 넘어질 것이라고 말씀하셨다. 마태복음 15:13-14, "예수께서 대답하여 말씀하시기를 심은 것마다 내 천부께서 심으시지 않은 것은 뽑힐 것이니 그냥 두어라. 저희는 소경이 되어 소경을 인도하는 자로다. 만일 소경이 소경을 인도하면 둘이 다 구덩이에 빠지리라." 그들은 하나님께서 택하지 않으셨고 그들의 죄 가운데 버려두신 자들이다.

그러나 '우리' 곧 주의 사도들, 하나님의 참된 종들은 하나님께로서 난 자들 즉 중생한 자들이며 하나님께 속한 자들이다. 그러므로 하나님을 아는 자들은 우리의 말 곧 바른 말, 역사적 기독교 교리를 듣는다. 이로써 진리의 영과 미혹의 영은 구별된다. 진리의 영은 주께서 사도들을 통하여 주신 복음 진리, 곧 전통적 정통 교리를 듣고 믿고 인정하고 고백하게 하지만, 미혹의 영은 성경의 바른 말씀과 교리를 듣지 않고 인정치 않고 고백하지 않게 하는 것이다.

〔7-8절〕 사랑하는 자들아, 우리가 서로 사랑하자. [이는] **사랑은 하나님께 속한 것이니**[혹은 '하나님께로서 나온 것임이라.'] **사랑하는 자마다 하나님께로 나서 하나님을 알고 사랑하지 아니하는 자는 하나님을 알지 못하나니 이는 하나님은**[께서는] **사랑이심이라.**

사도 요한은 우리가 서로 사랑해야 함을 계속 강조한다. 참된 사랑은 하나님께로서 나온 것이기 때문이다. 그가 말하는 사랑은 육신적 사랑이 아니고 거룩한 사랑을 가리킨다. 미움과 싸움은 마귀에게서 나온 성질이다. 거룩한 사랑으로 형제를 사랑하는 자마다 하나님께로 나서 하나님을 알지만 거룩한 사랑으로 형제를 사랑하지 않는 자는 하나님을 알지 못한다. 왜냐하면 하나님께서는 사랑이시기 때문이다. 그러므로 형제를 사랑하는 것은 중생(重生)한 표가 된다.

〔9-10절〕 하나님의 사랑이 우리에게 이렇게 나타난 바 되었으니 하나님이[하나님께서] **자기의 독생자를 세상에 보내심은 저로 말미암아 우리를 살리려 하심이니라. 사랑은 여기 있으니 우리가 하나님을 사랑한 것이 아니요 오직 하나님이**[께서] **우리를 사랑하사 우리 죄를 위하여 화목제**(힐라스몬 ἱλασμὸν)[유화제물]**로 그 아들을 보내셨음이니라.**

하나님의 사랑은 하나님께서 자기의 독생자를 세상에 보내신 일에서 밝히 나타났다. 하나님께는 독생자가 계시다. 요한복음 1:18, "본래 하나님을 본 사람이 없으되 아버지 품속에 있는 독생하신 아들(전통본문)[7]께서 나타내셨느니라." 하나님 아버지와 하나님의 아들의 관계는 시간 세계에 속하지 않는다. 그것은 영원적 관계이다. 하나님께서는 그 독생자를 이 세상에 보내셨다. 이 세상에 보내셨다는 말씀은 사람의 본질을 취해 사람으로 보내셨다는 의미 즉 성육신(成肉身)의 의미일 뿐 아니라, 또한 속죄제물로 내어주셨다는 의미이다. 성육신은 신비 중의 신비요 기적 중의 기적이지만, 성육신하신 그가 속죄제물로 죽으셨다는 것 또한 참으로 놀라운 소식이다.

하나님께서 독생자를 이 세상에 보내신 목적은 우리를 살리시기 위함이었다. 아담의 자손인 온 인류의 영혼들이 허물과 죄로 죽었었으나(엡 2:1), 하나님께서 만세 전에 택하신 자들은 독생자 예수 그리스도의 대속(代贖)의 죽음으로 죄씻음과 새 생명을 얻게 되었다.

하나님께서 독생자를 이 세상에 보내신 사실에서 우리는 참 사랑을 발견한다. 죄인들을 이처럼 사랑하신 하나님의 사랑 같은 사랑이 이 세상에 또 어디 있는가? 하나님께서는 우리를 극진히 사랑하셔서 우리 죄를 위해 유화제물로 그 아들을 보내주셨다. 유화제물은 우리의 죄들로 인한 하나님의 진노를 가라앉히게 하는 제물이라는 뜻이

---

7) Byz A it$^{a\ b\ e\ ff2}$ vg syr^{c} arm Irenaeus$^{lat\ 1/3}$ 등이 그러함.

다. 유화(宥和)(propitiation)는 성경적 속죄 개념이다. 죄인은 속죄가 아니고서는 결코 하나님의 진노를 피할 수 없었다.

〔11절〕 사랑하는 자들아, 하나님이[께서] **이같이 우리를 사랑하셨은즉 우리도 서로 사랑하는 것이 마땅하도다.**

하나님께서 우리 같은 죄인들을 이같이 사랑하셨기 때문에 우리도 서로를 용서하며 사랑하는 것이 마땅하다. 우리의 많은 죄들과 우리의 뿌리깊은 죄악성은 지옥 형벌을 받기에 합당했다. 그러나 하나님께서는 우리를 사랑하셨고 1만 달란트(약 6조원) 빚진 것 같은 우리의 큰 죄를 용서하셨고 우리를 구원하셨다(마 18:23-35). 우리가 하나님께서 주신 큰 구원을 받았으므로, 우리도 우리 형제들과 이웃들의 부족과 실수를 불쌍히 여기고 용서하며 사랑해야 한다.

본문의 교훈을 정리해보자. 첫째로, 우리는 영을 다 믿지 말고 그 영이 하나님께로부터 왔는지 시험하고 분별해야 한다. 왜냐면 거짓 목사들이 많이 세상에 왔기 때문이다. 영을 분별하는 기준은 바른 교리이다. 특히 성육신의 교리는 매우 기본적인 교리이다. 이런 기준에서 볼 때 오늘날 자유주의 신학은 명백히 이단적이다. 또 바른 교리에서 볼 때, 교회연합운동이나 타협적 복음주의나, 은사주의도 매우 잘못이다.

둘째로, 우리는 하나님께서 우리를 살리시기 위해 자기의 독생자를 우리 죄를 위한 유화제물로 세상에 보내주셨다는 사실을 통해 하나님의 사랑을 밝히 깨달아야 한다. 유화제물은 우리의 죄로 인한 하나님의 진노를 가라앉힌다는 뜻이다. 여기에 하나님의 사랑이 있다. 하나님의 이 지극히 높고 깊고 넓은 사랑을 우리는 조금이라도 깨닫기를 원한다.

셋째로, 하나님께서 벌레와 같은 우리를 위해 자기 독생자를 주시기까지 우리를 사랑하셨기 때문에 우리는 형제의 부족을 덮어주며 서로 사랑하는 것이 마땅하다. 죄로 인해 죽었던 우리가 이 놀라운 하나님의 사랑을 받았기 때문에, 우리는 형제를 사랑하고 서로 사랑해야만 한다.

12-21절, 하나님께서 우리 안에 거하심

〔12-13절〕 어느 때나 하나님을 본 사람이 없으되 만일 우리가 서로 사랑하면 하나님이[께서] 우리 안에 거하시고 그의 사랑이 우리 안에 온전히 이루느니라. 그의 성령[님]을 우리에게 주시므로 우리가 그 안에 거하고 그가 우리 안에 거하시는 줄을 아느니라.

하나님께서는 물질적 형체를 갖지 않은 영이시므로(요 4:24) 사람의 육신의 눈으로 볼 수 없으시다. 그러므로 어느 때나 하나님을 본 사람이 없다(딤전 6:16). 그러나 만일 우리가 서로 사랑하면 하나님께서 우리 안에 거하시며 그의 사랑이 우리 안에서 온전히 이루어질 것이다. 하나님께서 우리 안에 거하시는 것은 놀라운 복이다. 하나님께서 우리를 떠나시는 것은 큰 불행이며, 그가 우리 안에 거하시는 것은 큰 복이다. 하나님께서 우리 안에 거하시고 우리가 그 안에 거하는 것은 우리로 그의 선한 품성과 그의 능력과 평안을 누리게 하며 기도의 응답을 얻게 한다. 사도 요한은 우리가 서로 사랑할 때 이런 복된 하나님과의 연합을 체험하게 된다고 증거한 것이다.

하나님의 사랑이 우리 안에 온전히 이루어진다는 말씀은 하나님께 대한 우리의 사랑이 온전케 된다는 뜻이든지, 아니면 하나님의 사랑이 법적으로 뿐만 아니라 실제적으로도 우리 속에 이루어진다는 뜻, 다시 말해, 하나님의 사랑이 단지 칭의(稱義)로 이루어지는 것 뿐만 아니고 또한 성화(聖化)로도 이루어진다는 뜻이라고 본다. 하나님의 사랑은 우리가 죄에서 구원 얻게 하기 위하여 독생자를 보내어주신 사랑이기 때문에, 우리가 실제로 죄에서 떠나고 하나님의 뜻을 따라 서로 사랑할 때 하나님의 구원이 우리에게 실제로 이루어지는 것이 된다. 칭의가 구원이지만, 그것이 성화의 과정에서 더 구원답게 된다. 왜냐하면 구원은 죄로부터의 구원이기 때문이다.

또 우리는 하나님께서 주신 성령님으로 그가 우리 안에 거하신다는 사실을 알게 된다. 사도 요한은 3:24에서도 "그의 계명들을 지키는 자는 주님 안에 거하고 주께서는 저 안에 거하시나니 우리에게 주신 성령님으로 말미암아 그가 우리 안에 거하시는 줄을 우리가 아느니라"고 말하였다. 우리는 성령님의 감동과 감화, 위로와 격려를 통해 하나님께서 우리 속에 계심을 느끼며 체험하게 되고 또 그의 도우심으로 하나님의 계명대로 의와 선을 더욱 잘 행하게 된다.

〔14-16절〕 아버지가[께서] **아들을 세상의 구주로 보내신 것을 우리가 보았고 또 증거하노니 누구든지 예수**[님]**를 하나님의 아들이라 시인하면 하나님이**[께서] **저 안에 거하시고 저도 하나님 안에 거하느니라. 하나님이**[께서] **우리를 사랑하시는** [그] **사랑을 우리가 알고 믿었노니 하나님은**[께서는] **사랑이시라.** [그] **사랑 안에 거하는 자는 하나님 안에 거하고 하나님도**[께서도] **그 안에 거하시느니라.**

기독교 복음의 내용은 하나님께서 그의 외아들을 세상에 구주로 보내셨다는 것이다. 요한복음 3:16, "하나님께서 세상을 이처럼 사랑하사 독생자를 주셨으니 이는 저를 믿는 자마다 멸망치 않고 영생을 얻게 하려 하심이니라." 또 기독교 복음의 확실성은 사도들이 하나님의 독생자 예수님을 직접 보고 증거했다는 사실에 있다(눅 24:46-48; 요 21:24; 행 5:32). 이제 누구든지 예수님을 하나님의 아들로 시인하고 고백하면 하나님께서 저 안에 거하시고 저도 하나님 안에 거할 것이다. 이것이 구원이다. 죄인이 구주 예수 그리스도를 믿음으로 구원 얻는다는 것은 성경의 가장 기본적 진리이다. 요한복음 1:12, "영접하는 자 곧 그 이름을 믿는 자들에게는 하나님의 자녀가 되는 권세를 주셨으니." 로마서 10:9-10, "네가 만일 네 입으로 예수님을 주님으로 시인하며 또 하나님께서 그를 죽은 자 가운데서 살리신 것을 네 마음에 믿으면 구원을 얻으리니." 신자의 참 신앙고백은 구원 얻은 증거이다. 그는 하나님과 정신적으로 일체가 된다. 즉 하나님께서 그 안에 거하시고 그가 하나님 안에 거하는 것이다.

우리가 복음에 증거된 대로 예수님을 하나님의 아들 그리스도로 믿은 것은 우리가 우리를 사랑하신 하나님의 사랑을 안 것이요 믿은 것이다. 예수께서는 하나님의 사랑의 확증이시다. 로마서 5:8, "우리가 아직 죄인 되었을 때에 그리스도께서 우리를 위하여 죽으심으로 하나님께서 우리에게 대한 자기의 사랑을 확증하셨느니라." 사도는 위의 사실에 근거하여 다시 반복하기를 "그 사랑 안에 거하는 자는 하나님 안에 거하고 하나님께서도 그 안에 거하신다"고 말한다. '그 사랑 안에 거한다'는 말은 하나님을 사랑하고 서로 사랑하는 것을 가리킨다. 하나님의 사랑을 소유하고 실천하는 자가 그 사랑 안에 거하는 자이다. 참 신앙은 하나님의 사랑을 소유하고 실천하는 것으로 나타난다. 그러므로 서로 사랑함의 실천은 참 신앙의 증거일 뿐만 아니라, 구원의 증거 즉 하나님과의 연합의 증거가 되는 것이다.

〔17절〕 이로써 [그] 사랑이 우리에게 온전히 이룬 것은 우리로 심판날에 담대함을 가지게 하려 함이니 주[님]의 어떠하심과 같이 우리도 세상에서 그러하니라.

'이로써'라는 말은 우리가 하나님의 사랑을 받고 하나님을 사랑하고 서로 사랑함으로써라는 뜻이다. 하나님의 사랑이 우리에게 온전히 이루어졌다는 말은 하나님께 대한 우리의 사랑이 온전케 되었다는 뜻이든지, 아니면 하나님의 구원이 법적인 구원인 칭의(稱義)뿐 아니라 새 생활로 나타나는 성화(聖化)를 통해 우리 가운데서 온전히 이루어졌다는 뜻이라고 본다. 이 세상에서는 성화까지가 하나님의 뜻이다. 영화(榮化)는 미래에 이루어질 일이다.

이렇게 형제 사랑을 실천함으로 하나님의 사랑이 온전히 이루어질 때 우리는 담대함을 가지게 된다(요일 3:21). 사랑은 율법의 완성이며(롬 13:8) 사랑 안에 담대함이 있다. 이 담대함은 또한 심판날에 가질 담대함이다. 우리는 서로 사랑할 때 심판날에 담대함을 가지게 된다. 왜 이러한 담대함을 가지게 되는가? 그 이유는, 주님의 어떠하심과 같이 우리도 세상에서 그러하기 때문이다. 즉 주께서 세상에서 고난

당하셨듯이 우리도 세상에서 고난을 당하며, 그가 십자가에 죽으시기까지 우리를 사랑하셨듯이 우리도 죽기까지 형제를 사랑한다면, 그가 죽으신 지 삼일 만에 부활하셨듯이 우리도 영광 가운데 부활할 것이기 때문이다. 주 예수 그리스도를 믿고 그 계명대로 서로 사랑하는 자들은 이 소망의 담대함, 미래의 영광의 확신을 가질 것이다.

〔18절〕 사랑 안에 두려움이 없고 온전한 사랑이 두려움을 내어쫓나니 두려움에는 형벌[고통]**이 있음이라. 두려워하는 자는 사랑 안에서 온전히 이루지 못하였느니라.**

사랑 안에는 두려움이 없다. 어린 아기는 엄마의 사랑을 알기 때문에 그 품안에서 평안할 수 있다. 그러나 아기가 다른 이에게 가면 울 것이다. 온전한 사랑은 두려움을 내어쫓는다. 두려움에는 고통이 있기 때문이다. '형벌'이라는 원어(콜라시스 κόλασις)는 '고통'이라는 뜻도 가지고 있는데 그 뜻이 본문에 더 적절해 보인다(KJV). 두려워하는 자는 하나님의 사랑 안에서 온전히 이루지 못하였다. 하나님의 사랑을 온전히 받은 자는 주 예수님을 믿고 구원 얻어 그 사랑 안에 거하고 그 사랑을 소유하고 그 사랑을 실천하는 자이며, 그때 그는 두려움과 고통이 없고 평안과 기쁨이 넘칠 것이다.

〔19절〕 우리가 [그를](전통사본) **사랑함은 그가 먼저 우리를 사랑하셨음이라.**

경건은 하나님을 경외하며 사랑하는 것이다. 그것은 성경에 계시된 사람의 가장 기본적인 의무이다. 신명기 6:5, "너는 마음을 다하고 성품을 다하고 힘을 다하여 네 하나님 여호와를 사랑하라." 우리는 마음을 다하고 성품을 다하고 힘을 다하여 하나님을 사랑해야 한다. 그러나 우리가 하나님을 사랑하게 된 이유는 실상 하나님께서 먼저 우리를 사랑하셨기 때문이다(요일 4:10). 하나님께서 자기 독생자를 희생하시면서까지 우리를 사랑하셨다는 것을 알았기 때문에, 우리는 하나님을 사랑하게 된 것이다. 하나님의 사랑을 정말 깨달은 자마다 하나님을 가장 사랑할 것이다.

〔20절〕 누구든지 하나님을 사랑하노라 하고 그 형제를 미워하면 이는 거짓말하는 자니 보는 바 그 형제를 사랑치 아니하는 자가 보지 못하는 바 하나님을 사랑할 수가 없느니라.

하나님을 사랑하는 것은 그 사랑으로 구원 얻은 자에게 기본적인 일이다. 그러나 우리는 우리 자신이 하나님을 사랑하고 있다고 생각하면서도 우리의 형제들을 사랑하지 않고 미워하는 일이 있다. 사도 요한은 우리가 하나님을 사랑한다고 말하면서 그 형제들 곧 예수님 믿고 구원 얻은 자들을 사랑하지 않고 미워하는 자는 거짓말하는 자라고 말한다. 왜 그런가? 그것은 보는 형제를 사랑치 아니하는 자가 보지 못하는 하나님을 사랑할 수 없기 때문이다.

〔21절〕 우리가 이 계명을 주께 받았나니 하나님을 사랑하는 자는 또한 그 형제를 사랑할지니라.

본절의 '이 계명'은 주께서 주신 "서로 사랑하라"는 새 계명을 가리킨다(요 13:34). 그러므로 우리가 하나님과 주 예수 그리스도를 사랑한다면 우리는 그를 믿는 형제들을 사랑해야 한다. 요한복음 14:21에 보면, 주께서는, "나의 계명을 가지고 지키는 자라야 나를 사랑하는 자니라"고 말씀하셨다. 우리는 서로 사랑할 때 하나님과 주 예수 그리스도를 사랑하는 자가 될 것이다.

본문의 교훈을 정리해보자. 첫째로, 우리는 하나님과의 영적 연합을 나타내어야 한다. 하나님께서 성도 안에 거하시고 성도가 하나님 안에 거하는 영적 연합의 증거는 두 가지이다. 첫 번째는 예수님을 하나님의 아들로 믿고 고백하는 것이요, 두 번째는 하나님의 사랑 안에 거하며 서로 사랑하는 것이다. 우리에게 바른 신앙고백이 있고 서로 사랑함이 있을 때, 우리는 하나님께서 우리 안에 거하시고 또 우리가 하나님 안에 거함을 알게 된다. 우리가 하나님과 영적으로 연합되었다는 사실은 그의 영을 통해, 즉 성령님의 감동과 감화, 성령님의 위로와 격려를 통해 느끼며 체험하게 되는 것이다. 그러므로 본문은 우리에게 두 가지 질문을 준다. 첫째로, 우리는 예수님을 참으로 하나님의 아들 그리스도로 믿고 고백하였는가? 참된 신앙고백은 구원 얻은 표시이다. 둘째로, 우리는 진심으로 서로 사랑하고 있으며 또 계속 그러하고자 하는가? 우리는 예수님을 하나님의 아들, 나의 구주와 주님으로 믿어야 하고 또 그의 명령대로 거룩한 사랑으로 서로 사랑해야 한다. 미움은 구원 얻지 못한 표이며 사랑은 구원 얻은 표이다. 그러므로 우리는 예수께서 하나님의 아들 그리스도이심을 믿어야 하고 또 서로 사랑해야 한다.

둘째로, 우리는 주님의 계명대로 형제를 사랑할 때 담대함을 얻고 모든 두려움을 버리게 된다. 우리가 하나님의 계명에 순종하여 형제 사랑을 실천할 때 하나님의 사랑이 우리 안에서 온전히 이루어진다. 그것은 우리가 형제를 사랑할 때 우리가 칭의(稱義)뿐 아니라, 성화의 과정에 있음을 여실히 증거하는 것을 가리킨다고 본다. 그때 우리는 마음에 거리낌이 없어지고 하나님 앞에서 담대함을 얻게 되고 또 하나님 앞에서나 사람들 앞에서 우리가 갖게 되는 모든 두려움도 사라지게 될 것이다. 우리가 예수 그리스도의 의를 믿을 때에 평안과 담대함을 얻지만 그의 계명대로 형제 사랑을 실천할 때 더욱 큰 평안과 담대함을 얻는다.

셋째로, 우리가 형제 사랑을 실천할 때, 우리가 하나님을 사랑한다는 것이 증거될 것이다. 하나님을 사랑하는 것은 그의 계명을 실천하는 것을 포함하며 그의 계명의 내용은 형제를 사랑하라는 것이다. 그러므로 하나님을 사랑하는 자는 형제를 사랑할 것이다. 우리가 하나님을 사랑한다면 우리는 그의 명령을 실천해야 하며 그의 명령을 실천하는 자는 형제를 사랑할 것이다. 그러므로 형제를 사랑하지 않는 자는 하나님의 명령을 실천하지 않는 자이며 하나님을 사랑하지 않는 자이다. 비록 그가 하나님을 사랑한다고 말할지라도 그의 말은 거짓말에 불과할 것이다. 하나님의 명령을 실천함이 없이 그를 사랑할 수 없기 때문이다.

5장: 형제 사랑은 하나님을 사랑하는 표

1-5절, 형제 사랑은 하나님을 사랑하는 표

[1절] 예수께서 그리스도이심을 믿는 자마다 하나님께로서 난 자니 또한 내신 이를 사랑하는 자마다 그에게서 난 자를 사랑하느니라.

예수께서 그리스도이심을 믿는 자는 하나님께로서 난 자, 즉 중생(重生)한 자이다. 성경에 증거된 예수께서는 하나님의 아들, 즉 신적 구주이시다. 예수님을 믿는다는 것은 그를 단지 한 훌륭한 선생으로 믿는 것을 의미하지 않고 하나님의 아들 그리스도로 믿는 것을 의미한다. 선지자 이사야는 장차 오실 메시아께서 신적 인격일 것을 예언하였다. 이사야 9:6, "이는 한 아기가 우리에게 났고 한 아들을 우리에게 주신 바 되었는데 그 어깨에는 정사를 메었고 그 이름은 기묘자라, 모사라, 전능하신 하나님이라, 영존하시는 아버지라, 평안의 왕이라 할 것임이라." 선지자 미가도 메시아의 신성(神性)을 예언했다. 미가 5:2, "베들레헴 에브라다야, 너는 유다 족속 중에 작을지라도 이스라엘을 다스릴 자가 네게서 내게로 나올 것이라. 그의 근본은 상고에, 태초에[영원전부터]니라." 사도 요한은 그가 쓴 요한복음의 목적을 이렇게 말하였다. "예수께서 제자들 앞에서 이 책에 기록되지 아니한 다른 표적도 많이 행하셨으나 오직 이것을 기록함은 너희로 예수께서 하나님의 아들 그리스도이심을 믿게 하려 함이요 또 너희로 믿고 그 이름을 힘입어 생명을 얻게 하려 함이니라"(요 20:30-31). 예수께서는 하나님의 아들 그리스도이시며 우리가 예수님을 믿는다는 것은 그를 하나님의 아들 그리스도로 믿는 것을 의미한다.

본문은 예수께서 그리스도이심을 믿는 자가 하나님께로서 난 자, 즉 중생(重生)한 자라고 말한다. 즉 중생의 증거는 믿음이라는 것이다. 그러므로 개혁신학은 중생의 증거를 회개와 믿음이라고 말한다. 회개와 믿음은 같이 간다. 회개는 하나님 없이 살던 자가 하나님께로 돌아와 그를 믿고 그가 보내신 구주 예수님을 믿는 것이며, 참으로 주를 믿는 자는 죄를 버리고 그를 믿는 것이다. 참된 믿음은 중생의 증거이다. 요한복음 1:12-13, "영접하는[영접한] 자 곧 그(예수 그리스도의) 이름을 믿는 자들에게는 하나님의 자녀가 되는 권세를 주셨으니 이는 혈통으로나 육정으로나 사람의 뜻으로 나지 아니하고 오직 하나님께로서 난 자들이니라." 요한복음의 여러 구절들, 즉 예수님을 믿음으로 영생을 얻는다는 여러 구절들(요 3:16, 36; 5:24; 6:40 등)은 다 예수님을 믿는 것이 곧 중생의 증거임을 전제하거나 포함하는 말씀이다. 왜냐하면 사람이 중생해야 영생할 수 있기 때문이다.

또 본절은 우리를 중생케 하신 이 곧 하나님을 사랑하는 자마다 그에게서 난 자들 곧 중생한 성도들을 사랑한다고 말한다. 그것이 하나님의 뜻이기 때문이다. 주께서 주신 새 계명은 서로 사랑하라는 것이다(요 13:34). 우리는 다 하나님의 백성이다. 세상에서 육신의 형제들을 사랑하며 형제의 아픔이 나의 아픔이요 그의 기쁨이 나의 기쁨이 되듯이, 영적 형제들 간에도 그래야 할 것이다. 하나님의 백성된 우리는 육신의 가족보다 더 사랑스런 자들이다. 육신의 부모님이 낳으신 형제들도 귀하나 그들은 백년 동안 형제이지만, 하나님 아버지께서 낳으신 형제들, 구원 얻은 성도들은 영원한 형제들이다.

〔2-3절〕 [이로써] **우리가 하나님을 사랑하고 그의 계명들을 지킬 때에 (이로써) 우리가 하나님의 자녀 사랑하는 줄을 아느니라.** [이는] **하나님을 사랑하는 것은**[8] **이것이니 우리가 그의 계명들을 지키는 것이라**[것임이라]. **그의 계명들은 무거운 것이 아니로다.**

우리는 하나님을 사랑하고 그의 계명들을 지킬 때 우리가 하나님

8) 원문에 '하나님의 사랑'(ἡ ἀγάπη τοῦ Θεοῦ)은 직역하면 '하나님의 사랑'이지만(KJV, NASB), '하나님께 대한 사랑'이라고도 번역된다(NIV).

의 자녀를 사랑한다는 것을 안다. 왜냐하면 하나님을 사랑한다는 것은 그의 계명들을 지키는 것이며 그의 계명의 내용은 하나님의 자녀된 형제들을 사랑하라는 것이기 때문이다. 우리가 하나님을 참으로 사랑한다면 그의 계명대로 형제를 사랑할 것이다.

그의 계명들은 결코 무겁지 않다. 우리가 중생치 않았을 때 즉 죄의 종이었을 때에는 하나님의 계명들을 지키기가 심히 무거웠으나, 우리가 중생한 후에는 하나님의 씨가 우리 속에 심겨졌고 하나님의 영께서 우리 속에 계셔서 활동하시므로 우리는 비록 연약함이 있어 때때로 넘어질지라도 하나님의 법을 즐거이 지키며 또 지킬 수 있다. 에스겔 36:26, 27, "새 영을 너희 속에 두고 . . . 또 내 영을 너희 속에 두어 너희로 내 율례를 행하게 하리니 너희가 내 규례를 지켜 행할지라." 갈라디아서 5:16, "내가 이르노니 너희는 성령님을 좇아 행하라. 그리하면 육체의 욕심을 이루지 아니하리라."

〔4-5절〕 **대저**[이는] **하나님께로서 난 자마다 세상을 이기느니라**[이김이니라]. **세상을 이긴 이김은 이것이니 우리의 믿음이니라. 예수께서 하나님의 아들이심을 믿는 자가 아니면 세상을 이기는 자가 누구뇨?**

하나님의 계명이 무거운 짐이 아닌 것은 하나님께로서 난 자마다 세상을 이기기 때문이다. 세상은 죄악되고 이기적인 세상이며 세상은 자기 사랑, 돈 사랑, 쾌락 사랑으로 가득하다. 세상을 이긴다는 말은 죄와 사망과 마귀의 세력을 이긴다는 뜻이다. 즉 죄 짓지 않는다는 말이다. 우리 속에는 성령께서 계시고 그의 생명 원리가 심겨져 있기 때문에 우리는 죄와 세상을 이길 수 있다. 요한일서 3:9, "하나님께로서 난 자마다 계속 죄를 짓지 아니하나니 이는 하나님의 씨가 그의 속에 거함이요 저도 계속 범죄치 못하는 것은 하나님께로서 났음이라." 예수 그리스도의 대속(代贖) 사역은 우리를 죄와 사망과 사탄의 권세로부터 건져내어주셨다. 로마서 6:14, 18, "죄가 너희를 주관치 못하리니 이는 너희가 법 아래 있지 아니하고 은혜 아래 있음이니라," "죄에게서 해방되어 의에게 종이 되었느니라."

성도가 세상을 이기는 방법은 믿음, 곧 예수께서 하나님의 아들이심을 믿는 믿음이다. 우리는 예수 그리스도를 믿음으로 죄씻음과 의롭다 하심을 얻었고 영생을 얻었고 부활을 소망하고 확신하게 되었다. 이로써 마귀와 그 세력들은 성도들 앞에 완전히, 영원히 패배하고 말았다. 이 귀한 사실들은 우리가 예수 그리스도를 믿음으로 의롭다 하심을 얻는다는 복음 진리와 그 은혜 안에 다 들어 있다. 죄는 죽음과 불행을 가져왔으나 의는 생명과 영원한 복과 영광을 가져왔다. 그러므로 사도 바울은 로마서 5:1-2에서 말하기를, "우리가 믿음으로 의롭다 하심을 얻었은즉 우리 주 예수 그리스도로 말미암아 하나님으로 더불어 화평을 누리자. 또한 그로 말미암아 우리가 믿음으로 서 있는 이 은혜에 들어감을 얻었으며 하나님의 영광을 바라고 즐거워하느니라"고 하였다. 믿음의 결과는 기쁨과 확신이다.

본문의 교훈은 무엇인가? 첫째로, 예수 그리스도를 믿는 것은 중생의 표이다. 1절a, "예수께서 그리스도이심을 믿는 자마다 하나님께로서 난 자니." 우리는 우리의 의롭고 선한 행위로가 아니고 예수 그리스도의 속죄를 믿음으로 구원을 얻었다. 속죄 신앙은 중생의 표이다.

둘째로, 형제 사랑은 하나님을 사랑하는 표이다. 1절b, "내신 이를 사랑하는 자마다 그에게서 난 자를 사랑하느니라." 하나님을 사랑하는 자는 그의 백성된 자들을 사랑해야 한다. 우리가 구주 하나님을 사랑한다면, 우리는 그가 구원하신 자들을 사랑할 수 있고 사랑해야 한다.

셋째로, 우리는 예수 그리스도를 믿는 믿음으로 세상을 이긴다. 우리는 우리 같은 죄인을 구원하신 예수 그리스도를 믿는 믿음으로 죄악된 세상, 이기적인 세상, 자기 사랑, 돈 사랑, 육신의 쾌락 사랑으로 가득한 세상을 이길 수 있다. 하나님의 계명 순종은 결코 무거운 짐이 아니다. 우리는 은혜로 얻은 의와 거룩 안에서 의와 거룩을 실천할 수 있다.

6-10절, 물과 피와 성령님의 증거

〔6절〕 이는 물과 피로 임하신[오신] **자니 곧 예수 그리스도시라. 물로만 아니요 물과 피로 임하셨고**[오셨고].

예수 그리스도께서 물과 피로 임하셨다는 뜻이 무엇인가? 그것은 우선 예수님의 인성(人性)을 가리킨 것 같다. 예수께서는 십자가에 못박히셔서 피와 물을 흘리셨다. 요한복음 19:34, “그 중 한 군병이 창으로 옆구리를 찌르니 곧 피와 물이 나오더라.” 초대교회에는 예수 그리스도의 인성(人性)을 부정하는 이단이 있었다. 그러나 하나님의 아들 예수 그리스도께서는 사람이 되셨다. 태초부터 계셨던 하나님의 아들께서는 때가 되어 사람의 본질을 취해 참으로 사람이 되셨다(요 1:14). 웨스트민스터 소요리문답의 표현대로, 예수 그리스도께서는 그 이후 계속 그리고 영원히 참 하나님이시며 참 사람이시다.

‘물로만 아니요 물과 피로 임하셨다’는 표현은 물과 피라는 말이 그의 인성을 가리킬 뿐만 아니라, 또한 상징적 의미도 가짐을 나타내는 것 같다. 그러면 물은 죄씻음을, 피는 속죄사역을 가리킬 것이다. 이 둘은 기독교 복음의 핵심적 내용이다. 그것은 세례와 성찬의 의식으로 표현되는 것들이다. 예수 그리스도께서 사람이 되신 까닭은 속죄제물이 되시기 위함이었다. 그는 우리의 죄 씻음을 위해 속죄제물로 죽기 위해 사람이 되셨다. 그의 속죄사역은 우리의 죄 씻음의 근거가 되었다. 요한복음 1:29, “보라, 세상 죄를 지고 가는 하나님의 어린양이로다.” 마태복음 20:28, “인자(人子)가 온 것은 섬김을 받으려 함이 아니라 도리어 섬기려 하고 자기 목숨을 많은 사람의 대속물(代贖物)로 주려 함이니라.” 마태복음 26:28, “이것은 죄사함을 얻게 하려고 많은 사람을 위하여 흘리는 바 나의 피 곧 새 언약의 피니라.”

〔7절〕 증거하는 이는 성령[님]**이시니 성령은**[께서는] **진리니라**[이시니라].

성령께서도 예수 그리스도를 증거하신다. 즉 성령께서도 예수께서 하나님의 아들 그리스도이시며 우리 죄를 대속하신 구주이심을 증거하신다. 성령께서는 참되시며 그가 증거하시는 내용도 참되다. 예수께서는 "내가 아버지께로서 너희에게 보낼 보혜사 곧 아버지께로서 나오시는 진리의 성령께서 오실 때 그가 나를 증거하실 것이요"라고 말씀하셨고(요 15:26), 또 "진리의 성령께서 오시면 그가 너희를 모든 진리 가운데로 인도하시리니 그가 자의로 말하지 않고 오직 듣는 것을 말하시며 장래 일을 너희에게 알리시리라. 그가 내 영광을 나타내시리니 내 것을 가지고 너희에게 알리시겠음이니라"고 말씀하셨다(요 16:13-14). 오늘날도 성령께서는 예수 그리스도를 밝히 증거하시며 사람들로 하여금 예수 그리스도를 믿어 구원을 얻게 하신다.

〔8절〕 증거하는 이가 셋이니 성령[님]과 물과 피라. 또한 이 셋이 합하여 하나이니라.[9)]

성령님과 물과 피는 모두 예수 그리스도를 증거한다. 또한 그 셋의 증거는 하나이다. 그 셋은 공통적으로 예수 그리스도의 구주 되심을 증거한다. 하나님의 아들께서 사람이 되어 세상에 오셨고 십자가에 죽으심으로 우리 같은 죄인들의 모든 죄를 대속하셨다는 것은 예수

---

9) KJV는 한글성경의 7절이 6절에 있고 7절과 8절 처음에는 "하늘에서 증거하는 이가 셋이 있으시니 곧 아버지와 말씀과 성령님이시요 이 셋은 하나이시니라. 그리고 땅에서"라는 말이 있다. 이 본문은 서방교회(로마 천주교회)의 전통적 성경이었던 라틴어 벌게이트역(Vg)과 헬라어 전수본문(TR)에 있다. 이 구절이 사도 요한의 글이라면, 그것은 삼위일체에 대한 놀라운 증거의 말씀이다. 8절에 "또한 이 셋이"라는 표현은 앞에 생략된 부분이 있는 것 같은 기분을 남기는 것도 사실이다. 그러나 본문에 대한 고대 사본들과 역본들의 증거는 매우 약하며 그 신빙성도 약하다. 헬라어 사본들에는 14세기 소문자 사본 하나(629)와 16세기의 소문자 사본 둘(61, 918), 그리고 18세기 소문자 사본 하나(2318)에만 있다. 기타 증거들은 7세기의 $it^{l\ q}$ vg^{cl} arm^{mss} ℓ^{AD}와 3세기의 키푸리안 등이 있다. 전통적 헬라어 다수사본들(Byz), 몇 개의 고대사본들(ℵ B A 048^{vid}), 고대역본들($vg^{ww\ st}$ syr^{p} $cop^{sa\ bo}$ arm^{mss}), 및 클레멘트^{lat} (오리겐^{lat}) 성구집(*Lect*) 등은 이 구절을 생략하고 있다.

그리스도에 대한 성경의 증거의 요지이다. 디모데전서 1:15, "신실하도다, 모든 사람이 받을 만한 이 말이여, 그리스도 예수께서 죄인을 구원하시려고 세상에 오셨다 하였도다. 죄인 중에 내가 괴수니라."

〔9절〕 만일 우리가 사람들의 증거를 받을진대 하나님의 증거는 더욱 크도다. [이는] **하나님의 증거는 이것이니 그 아들에 관하여 증거하신 것이니라**[이것은 하나님께서 그 아들에 관하여 증거하신 그의 증거임이니라].

우리는 날마다 일상생활 속에서 사람들의 증거를 받아들이며 세상을 살고 있다. 우리는 매일 신문의 뉴스들을 믿는다. 또 법정의 판결도 많은 부분 사람의 진실한 증언들에 의존한다. 만일 우리가 사람들의 증거를 받아들이지 않는다면 우리의 세상 생활은 지극히 불안정할 것이고 의심으로 가득할 것이다. 이처럼 사람들의 진실한 증거가 믿을 만하다면, 하나님의 증거는 더 확실하고 믿을 만할 것이다.

하나님께서는 자기 아들에 관하여 그의 신성(神性)과 인성(人性)을 증거하셨다. 그는 친 음성으로 자기 아들에 관해 두 번 증거하셨다. 마태복음 3:17, "하늘로서 소리가 있어 말씀하시되 이는 내 사랑하는 아들이요 내 기뻐하는 자라 하시니라." 마태복음 17:5, "말할 때에 홀연히 빛난 구름이 저희를 덮으며 구름 속에서 소리가 나서 말하되 이는 내 사랑하는 아들이요 내 기뻐하는 자니 너희는 저의 말을 들으라 하는지라." 성경의 모든 말씀은 하나님의 증거의 말씀들이다. 또 성령님의 증거는 하나님의 증거이다. 고린도전서 12:3, "그러므로 내가 너희에게 알게 하노니 하나님의 영으로 말하는 자는 누구든지 예수님을 저주받은 자라 하지 않고 또 성령님으로 아니하고는 누구든지 예수님을 주님이시라 할 수 없느니라." 하나님께서는 성경의 모든 말씀들 속에서 자기 아들의 신성(神性)과 인성(人性)에 대해 또 그의 속죄사역에 대해 증거하셨다. 우리 안에 계신 성령께서도 또 그의 물과 피도 예수님의 신성과 인성과 속죄사역을 증거하신다.

〔10절〕 하나님의 아들을 믿는 자는 자기 안에 [그] **증거가 있고 하나님을**

믿지 아니하는 자는 하나님을 거짓말하는 자로 만드나니 이는 하나님께서 그 아들에 관하여 증거하신 증거를 믿지 아니하였음이라.

하나님의 아들을 믿는 자는 자기 안에 그 증거가 있다. '증거가 있다'는 원어(에케이 텐 마르튀리안 ἔχει τὴν μαρτυρίαν)는 '그 증거를 가지고 있다'는 말이다. '그 증거'는 하나님의 증거를 가리킨다고 본다. 우리는 성경을 통하여 증거하시는 그 하나님의 증거를 받아들였고 믿었기 때문에 하나님의 아들을 믿게 된 것이다. 그러나 하나님의 증거대로 예수님을 하나님의 아들로 믿지 않는 자들은 하나님을 거짓말하는 자로 만드는 자들이다. 왜냐하면 그들은 하나님께서 그 아들에 관해 증거하신 증거를 믿지 않았기 때문이다. 하나님께서는 진리의 하나님이시며 거짓말하지 않으시는데, 하나님의 아들 예수 그리스도에 대한 그의 증거를 믿지 않았으므로 그것은 큰 잘못이다.

본문의 교훈을 정리해보자. 첫째로, 우리는 예수 그리스도의 신성(神性)과 인성(人性)과 속죄사역을 믿어야 한다. 예수 그리스도께서는 물과 피로 오신 자이시다. 그는 본래 하나님의 아들이시지만, 사람의 본질을 취하셨다. 그의 몸 속에는 물과 피가 있으셨다. 그는 죄가 없으신 중보자이시며 그렇기 때문에 자기 피로 친히 우리를 위한 속죄를 이루셨다. 우리는 신적 구주 예수님과 그의 속죄사역을 믿고 확신해야 한다.

둘째로, 우리는 예수 그리스도의 신성과 인성에 대한 성령님의 증거를 믿어야 한다. 성령님의 증거는 사도들을 통해 주신 증거이며 그들의 증언들인 신약성경의 증거이다. 우리는 그 증거들을 다 믿어야 한다.

셋째로, 우리는 예수께서 하나님의 아들 그리스도이시라는 하나님의 증거를 우리 속에 소유하고 있어야 한다. 우리가 그 증거, 즉 하나님께서 아들에 대해 증거하신 그 증거를 소유하지 못한다면, 우리는 하나님을 거짓말하는 자로 만드는 자가 될 것이다. 왜냐하면 하나님께서 예수께서 하나님의 아들이심을 많은 증거들로 증거하셨기 때문이다.

11-13절, 영생을 주심

[11-13절] 또 증거는 이것이니 하나님이[께서] **우리에게 영생을 주신 것과 이 생명이 그의 아들 안에 있는 그것이니라. 아들이**[께서] **있는**[계신] **자에게는 생명이 있고 하나님의 아들이**[께서] **없는**[계시지 않는] **자에게는 생명이 없느니라. 내가 하나님의 아들의 이름을 믿는 너희에게 이것을 쓴 것은 너희로 하여금 너희에게 영생이 있음을 알게 하려 함이라.**

하나님께서 증거하신 내용은 두 가지인데, 하나는 하나님께서 우리에게 영생을 주셨다는 것과 또 다른 하나는 그 생명이 그의 아들 예수 그리스도 안에 있다는 것이다.

하나님께서는 증거하신 첫 번째 내용은 예수님을 믿는 우리에게 영생을 주셨다는 것이다. 사람은 본래 영생할 가능성이 있는 존재로 창조되었었다. 첫 사람 아담이 하나님의 시험하시는 첫 명령을 어느 기간 동안 잘 지켰더라면 그는 영생을 얻었을 것이다. 그러나 그는 하나님의 명령을 어겼고 그가 경고하신 대로 죽었고 모든 사람이 죽을 수밖에 없는 존재가 되었다. 시편 49:12, "사람은 존귀하나 장구치 못함이여 멸망하는 짐승 같도다." 그러나 사람 속에는 여전히 죽지 않고 영원히 살고 싶은 강한 소원이 있다. 죽지 않고 건강하게 오래 살고 싶은 마음은 모든 사람에게 있다. 전도서는 하나님께서 사람에게 영원을 사모하는 마음을 주셨다고 말한다(전 3:11). 그래서 사람은 죽는다는 말을 가장 싫어하고 가장 두려워한다. 또 사람들은 의술과 약을 발전시켜 왔고 몸의 질병과 연약을 극복해 보려고 애써 왔다. 사람들은 자신의 몸의 건강을 위해 영양 있는 음식을 골고루 먹으려고 애쓰고 각종 영양제나 건강 식품을 먹고 또 규칙적인 운동도 한다.

그러나 생명의 원천이신 창조주 외에는 아무도 사람에게 영생을 줄 수 없다. 시편 36:9, "대저 생명의 원천이 주께 있사오니 주의 광명 중에 우리가 광명을 보리이다." 생명은 하나님께로부터 시작되었다. 하나님께서는 생명의 원천이시다. 예레미야 2:13, "내 백성이 두 가지

악을 행하였나니 곧 생수의 근원되는 나를 버린 것과 스스로 웅덩이를 판 것인데 그것은 물을 저축지 못할 터진 웅덩이니라." 하나님께서는 우리의 영원한 생명의 근원이시다. 참되시고 영원하신 여호와 하나님 외에 다른 신들이나 우상들은 터진 물웅덩이들과 같다.

하나님께서는 사람들에게 영생을 주시기를 약속하셨다. 요한일서 2:25, "그가 우리에게 약속하신 약속이 이것이니 곧 영원한 생명이니라." 사도 바울도 하나님께서 우리에게 영원한 생명을 약속하셨음을 증거하였다. 디도서 1:2, "이 영생은 거짓이 없으신 하나님께서 영원한 때 전부터 약속하신 것인데." 영원한 생명 곧 영생은 성경에 계시된 하나님의 모든 진리의 중심 주제이다. 영생은 영원히 사는 삶이다. 그것은 병약하지 않고 강하고 영광스러운 생명이다(고전 15:42-44). 영생은 이 세상의 무엇과도 비교할 수 없고 바꿀 수 없는 복된 선물이다. 그러므로 주 예수께서는 "썩어질 양식을 위하여 일하지 말고 영생하도록 있는 양식을 위하여 하라"고 말씀하셨다(요 6:27).

하나님께서는 또 그의 약속하신 영생이 그의 아들 예수 그리스도 안에 있다는 사실을 증거하셨다. 사도 요한은 요한복음 초두에 이렇게 말했다. "태초에 말씀께서 계셨더라. 이 말씀께서 하나님과 함께 계셨으니 이 말씀께서는 곧 하나님이셨느니라. 그가 태초에 하나님과 함께 계셨고 만물이 그로 말미암아 지은 바 되었으니 지은 것이 하나도 그가 없이는 된 것이 없느니라. 그 안에 생명이 있었으니 이 생명은 사람들의 빛이라"(요 1:1-4). 사도 요한은 본 서신 1:1-2에서도 예수 그리스도께서 영생의 근원이심을 증거했다. "태초부터 계셨던 생명의 말씀에 관하여는 우리가 들은 바요 눈으로 본 바요 주목하고 우리 손으로 만진 바라. 이 생명이 나타내신 바 된지라. 이 영원한 생명을 우리가 보았고 증거하여 너희에게 전하노니 이는 아버지와 함께 계시다가 우리에게 나타내신 바 된 자니라." 사도 요한은 5:20에서도 예수님을 "참 하나님이시요 영생이시라"고 증거했다.

요한복음은 영생이 예수 그리스도 안에 있다는 것을 밝히 증거하였다. 6:47-48, "진실로 진실로 너희에게 말하노니 믿는 자는 영생을 가졌나니 내가 곧 생명의 떡이로라." 6:51, "나는 하늘로서 내려온 산 떡이니 사람이 이 떡을 먹으면 영생하리라. 나의 줄 떡은 곧 세상의 생명을 위한 내 살이로라." 6:53-55, "내가 진실로 진실로 너희에게 말하노니 인자의 살을 먹지 아니하고 인자의 피를 마시지 아니하면 너희 속에 생명이 없느니라. 내 살을 먹고 내 피를 마시는 자는 영생을 가졌고 마지막 날에 내가 그를 다시 살리리니 내 살은 참된 양식이요 내 피는 참된 음료로다." 11:25-26, "나는 부활이요 생명이니 나를 믿는 자는 죽어도 살겠고 무릇 살아서 나를 믿는 자는 영원히 죽지 아니하리니 이것을 네가 믿느냐?" 14:6, "내가 곧 길이요 진리요 생명이니 나로 말미암지 않고는 아버지께로 올 자가 없느니라."

예수 그리스도께서는 본래 영원한 생명이시지만 사람이 되셔서 우리의 죄를 대신해 대속(代贖) 제물이 되셨고 그 대속 사역을 통해 우리에게 영생을 주셨다. 죄의 값은 죽음이지만, 예수 그리스도의 대속 사역의 결과는 영생이다. 사도 바울도 이것을 로마서에서 잘 증거했다. 로마서 5:18, "그런즉 한 범죄로 많은 사람이 정죄에 이른 것같이 의의 한 행동으로 말미암아 많은 사람이 의롭다 하심을 받아 생명에 이르렀느니라." 5:21, "이는 죄가 사망 안에서 왕 노릇한 것같이 은혜도 또한 의로 말미암아 왕 노릇하여 우리 주 예수 그리스도로 말미암아 영생에 이르게 하려 함이니라." 6:23, "죄의 삯은 사망이요 하나님의 은사는 그리스도 예수 우리 주님 안에 있는 영생이니라."

그러므로 하나님의 아들을 믿는 자에게는 생명이 있고 하나님의 아들을 믿지 않는 자에게는 생명이 없다. 그러므로 사도 요한은 본문 13절에 "내가 하나님의 아들의 이름을 믿는 너희에게 이것을 쓴 것은 너희로 하여금 너희에게 영생이 있음을 알게 하려 함이라"고 썼다. 하나님의 아들 예수 그리스도를 믿는 믿음이 중요하다. 예수 그리스도를 믿는 자는 영생을 얻지만, 그를 믿지 않는 자는 영생을 얻지 못한다. 예수 그리스도를 믿는 믿음이 영생을 얻는 길이다.

예수 그리스도를 믿는 것이 영생이 된다는 것은 특히 요한복음에 밝히 증거되어 있다. 요한복음 3:16, "하나님께서 세상을 이처럼 사랑하사 독생자를 주셨으니 이는 저를 믿는 자마다 멸망치 않고 영생을 얻게 하려 하심이니라." 3:36, "아들을 믿는 자는 영생이 있고." 5:24, "내가 진실로 진실로 너희에게 말하노니 내 말을 듣고 또 나 보내신 이를 믿는 자는 영생을 얻었고 심판에 이르지 아니하나니 사망에서 생명으로 옮겼느니라." 6:40, "내 아버지의 뜻은 아들을 보고 믿는 자마다 영생을 얻는 이것이니 마지막 날에 내가 이를 다시 살리리라 하시니라." 20:31, "예수께서 제자들 앞에서 이 책에 기록되지 아니한 다른 표적도 많이 행하셨으나 오직 이것을 기록함은 너희로 예수께서 하나님의 아들 그리스도이심을 믿게 하려 함이요 또 너희로 믿고 그 이름을 힘입어 생명을 얻게 하려 함이니라."

본문의 교훈은 확실하다. 하나님께서는 우리에게 영생을 약속하셨고 그 영생은 하나님의 아들 예수 그리스도 안에 있고 그를 믿는 자들은 영생을 얻는다. 우리는 영생의 가치를 깨닫고 어리석게 그것을 세상의 것들과 바꾸지 말아야 한다. 영생과 바꿀 만한 것은 세상에 아무것도 없다. 세상의 것들은 다 헛되며 하나님을 경외하고 그의 계명을 지키는 것이 사람의 본분이며(전 12:13), 세상의 것들은 다 썩어질 것이며 예수 그리스도를 믿는 것만 영생에 이르는 양식이다(요 6:27-29). 그러므로 우리는 오직 주 예수 그리스도만 믿고 의지하고 하나님께서 주신 영생을 감사하며, 하나님의 말씀, 곧 성경말씀에 복종하고 다른 사람들에게 이 영생의 복음, 곧 예수 그리스도의 속죄의 복음을 널리 전해야 한다.

14-17절, 기도의 응답

〔14절〕 그를 향하여 우리의 가진 바 담대한 것이 이것이니 그의 뜻대로 무엇을 구하면 들으심이라.

성도가 하나님의 뜻대로 무엇을 구하면 하나님께서는 그의 기도를 들으실 것이다. 하나님의 뜻은 어떻게 아는가? 그것은 성경에 나타나 있다. 그것은 성경의 어떤 한 부분에만 있는 것이 아니라 성경 전체에 나타나 있다. 그러므로 우리는 성경 전체를 읽고 듣고 묵상함으로써 하나님의 뜻을 알도록 힘써야 한다. 성경 읽기와 듣기를 거부하는 자의 기도는 응답되지 않을 것이다. 잠언 28:9는, "사람이 귀를 돌이키고 율법을 듣지 아니하면 그의 기도도 가증하니라"고 말했다.

여호수아 7장은 여호수아와 이스라엘 백성이 가나안 정복 전쟁에서 큰 성 여리고를 정복한 후 작은 성 아이에서 실패한 이유를 기록하였다. 그것은 아간이라는 한 사람이 여리고 정복 시 하나님의 명령을 어기고 노략한 물건 중에서 시날산 아름다운 외투 한 벌과 은 200세겔과 50세겔 무게의 금덩이 하나를 보고 탐내서 취하여 장막 안에 감추었기 때문이었다. 이스라엘 백성에게 죄가 있었을 때, 그리고 그 죄를 찾아내어 권징하여 제거하지 않았을 때 하나님께서는 이스라엘 백성의 기도를 듣지 않으셨고 아이 성 전투는 실패하였던 것이다.

사무엘하 21:1에는 이런 말씀이 있다. "다윗의 시대에 연부년 3년 기근이 있으므로 다윗이 여호와 앞에 간구하매 여호와께서 말씀하시기를 이는 사울과 피를 흘린 그 집을 인함이니 저가 기브온 사람을 죽였음이니라 하시니라." 다윗의 통치 시대에 이스라엘 땅에 든 3년 기근은 사울 시대에 기브온 사람들을 죽인 죄 때문이었다. 이스라엘 백성은 가나안 전쟁 때 기브온 사람들과 맹세로 약속하며 그들을 살려주었다. 그러나 사울은 그 맹세와 약속을 저버리고 기브온 사람들을 죽였고 그 죄 때문에 이스라엘 땅에는 3년 기근의 재앙이 임했던 것이다. 죄는 평안 대신 재앙을 가져온다.

이사야 1:15-16은, "너희가 손을 펼 때에 내가 눈을 가리우고 너희가 많이 기도할지라도 내가 듣지 아니하리니 이는 너희의 손에 피가 가득함이니라. 너희는 스스로 씻으며 스스로 깨끗케 하여 내 앞에서 너희 악한 일들을 버리며 악행들을 그치라"고 말했고, 이사야 59:1-2는 "여호와의 손이 짧아 구원치 못하심도 아니요 귀가 둔하여 듣지 못하심도 아니라. 오직 너희 죄악이 너희와 너희 하나님 사이를 내었고 너희 죄가 그 얼굴을 가리워서 너희를 듣지 않으시게 함이니"라고 말하였다. 사도 베드로는 베드로전서 3:7에서 "남편된 자들아, 이와 같이 지식을 따라 너희 아내와 동거하고 저는 더 연약한 그릇이요 또 생명의 은혜를 유업으로 함께 받을 자로 알아 귀히 여기라. 이는 너희 기도가 막히지 아니하게 하려 함이라"고 교훈하였다.

성경에 나타난 하나님의 뜻은 죄를 회개하고 예수님 믿고 거룩하고 의롭고 선하고 진실하게 살라는 것이다. 성경 읽기와 듣기를 좋아하는 자들의 기도는 응답받을 것이다. 우리가 성경의 교훈을 거슬러 범죄하면 우리는 기도 응답을 기대할 수 없다. 그러나 우리가 죄를 회개하고 버리면 기도의 응답을 받을 것이다. 그러므로 우리는 죄를 회개하며 하나님의 계명들에 순종하면서 하나님의 뜻에 맞게 무엇을 기도해야 하며, 그때 기도의 응답을 얻게 되는 것이다.

순종은 평안의 길이다. 이사야 48:17-18, "너희의 구속자시요 이스라엘의 거룩하신 자이신 여호와께서 말씀하시기를 나는 네게 유익하도록 가르치고 너를 마땅히 행할 길로 인도하는 너희 하나님 여호와라. 슬프다, 네가 나의 명령을 듣지 아니하였도다. 만일 들었더면 네 평안이 강과 같았겠고 네 의가 바다 물결 같았을 것이며."

〔15절〕 우리가 무엇이든지 구하는 바를 들으시는 줄을 안즉 우리가 그에게 구한 그것을 얻은 줄을 또한 아느니라.

우리가 하나님의 계명대로 살면서 그의 뜻에 맞게 기도하는 것도 중요하지만, 우리가 그의 뜻대로 구한 기도를 하나님께서 응답하실 것이라는 우리의 믿음도 중요하다. 만일 우리가 하나님께서 우리의 기도를 응답하실 것이라는 약속을 믿는다면, 우리는 우리의 간구의 응답을 믿고 기대할 수 있을 것이다. 우리가 기도의 효력을 믿는다면, 우리는 우리가 하나님의 뜻대로 기도한 것을 그가 들으실 것이라는 사실을 또한 믿어야 한다. 마가복음 11:24, "그러므로 내가 너희에게 말하노니 무엇이든지 기도하고 구하는 것은 받은 줄로[받는 줄로](전통본문) 믿으라. 그리하면 너희에게 그대로 되리라."

〔16-17절〕 누구든지 형제가 사망에 이르지 아니한 죄 범하는 것을 보거든 구하라. 그러면 사망에 이르지 아니하는 범죄자들을 위하여 저에게 생명을 주시리라. 사망에 이르는 죄가 있으니 이에 대하여 나는 구하라 하지 않노라. 모든 불의가 죄로되 사망에 이르지 아니하는 죄도 있도다.

죄는 두 가지가 있다. 하나는 '사망에 이르지 않는 죄'이며, 또 하나는 '사망에 이르는 죄'이다. 사도 요한은 "모든 불의가 죄로되 사망에 이르지 아니하는 죄도 있도다"라고 말한다. 죄의 값은 죽음인데(롬 6:23) 사망에 이르지 아니하는 죄가 있다는 말씀은 무엇인가? 그것은 성도가 예수 그리스도의 보혈 공로로 구원을 얻고 영생을 소유한 후 실수로나 연약성 때문에 범하는 죄를 가리킬 것이다. 사도가 앞에서 중생한 자가 범죄치 않는다고 말했으면서 여기에서는 형제가 사망에 이르지 아니하는 죄를 범한다고 말하는 것은, 중생한 자가 계속 죄 가운데서 생활할 수 없다는 뜻이며 중생한 자가 전혀 죄를 짓지 않는다는 뜻은 아니다. 중생한 자도 죄를 지을 수 있다. 그러나 그가 진심으로 예수 그리스도를 믿는 자라면 그는 그 죄에 머물러 있지 않고 즉시 돌이켜 하나님께로 나아올 것이다. 그는 그 실수 때문에 구원과 영생을 잃어버리고 영원한 멸망에 떨어질 수 없을 것이다. 그러므로 성도는 형제가 그런 죄를 범하는 것을 보면 그를 위해 기도해야 하며 그러면 그는 하나님의 인도하심으로 회개하고 영생에 이를 것이다.

그러나 사망에 이르는 죄가 있다. 그것은 구원 얻은 성도가 범해서는 안 되는 죄이다. 그것은 예수께서 언급하신 '성령을 훼방하는 죄'와 같은 죄라고 본다. 그런 죄는 사함을 받을 수 없다. 그것은 성령님의 일을 고의적으로 방해하고 대적하며 양심의 감동을 극도로 억압하는 죄로 생각된다. 교회 안에 이런 죄를 짓는 자들이 있어서는 안 되겠지만, 종종 이단자들 속에서 이런 유의 죄를 볼 수 있다. 이단은 실수나 무지나 연약의 죄가 아니다. 이단자들은 하나님의 진리에 대해 이론적으로 다 아는 자들이다. 그들이 하나님의 진리를 부정하는 것은 무지해서가 아니고 고의적이다. 그들은 고의적으로 또한 자기 나름대로의 신념을 가지고 진리를 대항하고 부정하고 왜곡하는 것이다. 그들은 인류 역사의 초기에 에덴 동산에서의 뱀처럼 확신 있게 하나님의 말씀을 부정하고 대적한다. 이런 이단과 배교의 죄는 너무 크고 두려운 것이어서 실상 그런 자들을 형제로 여길 수도 없을 것이다. 이들은 구원의 가망이 없어 보인다. 사도 요한은 우리에게 그런 자들을 위해 기도하라고 하지 않는다고 말한다.

본문의 교훈을 정리해보자. 첫째로, 우리는 하나님의 뜻대로 기도해야 한다. 그러기 위해 우리는 하나님 말씀인 성경을 열심히 읽고 듣고 묵상함으로써 하나님의 뜻을 바르게 알고 그 뜻대로 기도해야 한다.

둘째로, 우리는 우리가 하나님의 계명대로 살면서 그의 뜻대로 기도할 때 하나님께서 그 기도를 반드시 응답하실 것이라는 것도 믿어야 한다. 우리는 하나님께서 우리의 기도를 들으심을 믿는 것도 중요하다.

셋째로, 우리는 어떤 형제가 범죄하는 일을 볼 때 그가 돌이켜 회개할 수 있도록 기도해야 한다. 우리는 하나님의 진리를 고의적으로 대항하는 이단자와 배교자를 위해 기도할 자신이 없지만, 주를 진실히 믿는 형제에 대해서는, 비록 그에게 실수와 연약이 있을지라도 그를 끝까지 사랑하고 그의 회개와 구원과 성화를 위해 기도해야 한다.

18-21절, 바른 지식과 삶

〔18절〕 **하나님께로서 난 자마다** [계속] **범죄치 아니하는 줄을 우리가 아노라. 하나님께로서 나신 자가 저를 지키시매**[하나님께로서 난 자는 자신을 지키며](KJV)[10] **악한 자가 저를 만지지도 못하느니라.**

원문에는 '우리는 아노라'는 말(오이다멘 οἴδαμεν)이 18, 19, 20절에 각각 한 번씩 모두 세 번 반복하여 나온다. 첫째로, 우리는 하나님께로서 난 자마다 계속 범죄하지 않는다는 것, 즉 죄 가운데 머물지 않는다는 것을 안다. 이 진리는 본 서신 3:6, 9-10에서 이미 말씀한 바이다: "그 안에 거하는 자마다 계속 범죄하지 아니하나니 계속 범죄하는 자마다 그를 보지도 못하였고 그를 알지도 못하였느니라," "하나님께로서 난 자마다 계속 죄를 짓지 아니하나니 이는 하나님의 씨가 그의 속에 거함이요 저도 계속 범죄치 못하는 것은 하나님께로서 났음이라. 이러므로 하나님의 자녀들과 마귀의 자녀들이 나타나나니 무릇 의를 행치 아니하는 자나 또는 그 형제를 사랑치 아니하는 자는 하나님께 속하지 아니하니라"(원문의 현재시제, NIV).

중생한 성도들은 계속 범죄할 수 없다. 중생한 자는 그 영혼 속에 범죄할 수 없는 새 생명이 심어져 있고 영혼의 지배적 성향이 새로워졌기 때문에 죄 가운데 머물러 있을 수 없는 것이다. 중생한 자들 속에 심긴 새 생명은 하나님을 경외하고 순종하고 의(義)를 행하려는 성향을 가지고 있다. 이것은 전적으로 예수 그리스도의 대속(代贖)의 사역에 근거하여 하나님께서 은혜로 주신 생명의 성향이다.

그러나 중생한 자는 계속 범죄치 않는다고 해서 자신을 방임해서는 안 되고 항상 자신을 지키며 범죄치 않기 위해 힘써야 한다(딤전 5:22; 약 1:27). 사람의 마음 속에는 악한 것들이 많이 있다. 중생한 자에게도 죄성이 남아 있다. 그러므로 사도 바울은 로마서 7:25에서

10) Byz ℵ syr[p] arm Origen 등이 그러함.

"내 자신이 마음으로는 하나님의 법을, 육신으로는 죄의 법을 섬기노라"고 말했고, 갈라디아서 5:19-21에서 여러 죄악들을 열거하며 성령님의 도우심으로 그것들을 버려야 할 것을 말했고, 또 고린도후서 7:1에서는 "우리가 하나님을 두려워하는 가운데서 거룩함을 온전히 이루어 육과 영의 온갖 더러운 것에서 자신을 깨끗케 하자"고 말했다.

그러나 중생한 자는 하나님께서 보호하시므로 악한 자 곧 사탄이 그를 만지지도 못할 것이다. 시편 23:4, "내가 사망의 음침한 골짜기로 다닐지라도 해를 두려워하지 않을 것은 주께서 나와 함께하심이라. 주의 지팡이와 막대기가 나를 안위하시나이다." 시편 121:3, "여호와께서 너로 실족지 않게 하시며 너를 지키시는 자가 졸지 아니하시리로다." 로마서 8:35, "누가 우리를 그리스도의 사랑에서 끊으리요? 환난이나 곤고나 핍박이나 기근이나 헐벗음이나 위험이나 칼이랴."

〔19절〕 또 아는 것은 우리는 하나님께 속하고[혹은 '하나님께로서 났고'] **온 세상은 악한 자 안에 처한 것이며.**

둘째로, 우리는 우리 자신이 하나님께로서 나서 하나님께 속한 자들이 되었다는 것을 안다. 중생(重生, 거듭남)은 우리의 영혼이 죄와 허물로 죽었던 어두운 세계에서 새 생명을 얻어 다시 살아나는 사건이다. 중생의 근원은 하나님이시다. 거듭남은 하나님께서 홀로 행하시는 구원 사역이다. 그때 사람은 하나님을 돕거나 협력하지 못한다. 중생한 자는 하나님께 속한다. 그는 하나님의 특별한 소유가 된다. 이사야 43:1, "야곱아, 너를 창조하신 여호와께서 이제 말씀하시느니라. 이스라엘아, 너를 조성하신 자가 이제 말씀하시느니라. 너는 두려워 말라. 내가 너를 구속(救贖)하였고 내가 너를 지명하여 불렀나니 너는 내 것이라." 로마서 1:5-6, "그로 말미암아 우리가 은혜와 사도의 직분을 받아 그 이름을 위하여 모든 이방인 중에서 믿어 순종케 하나니 너희도 그들 중에 있어 예수 그리스도의 것으로 부르심을 입은 자니라." 베드로전서 2:9, "오직 너희는 택하신 족속이요 왕 같은 제사장들이요 거룩한 나라요 그의 소유된 백성이니.”

그러나 우리는 온 세상이 악한 자, 곧 사탄 안에 처해 있다는 것도 알아야 한다. 물론 하나님께서 온 세상의 주관자이시지만, 하나님께서는 사탄과 악령들이 세상에 활동하게 허락하셨다. 그러므로 예수께서는 사탄을 이 세상 임금이라고 부르셨다. 요한복음 12:31, “이제 이 세상의 심판이 이르렀으니 이 세상 임금이 쫓겨나리라.” 또 사도 바울도 고린도후서 4:3-4에서, “만일 우리 복음이 가리웠으면 망하는 자들에게 가리운 것이라. 그 중에 이 세상 신이 믿지 아니하는 자들의 마음을 혼미케 하여 그리스도의 영광의 복음의 광채가 비취지 못하게 함이라”고 말했고, 에베소서 2:2에서는 “그때에 너희가 그 가운데서 행하여 이 세상 풍속을 좇고 공중의 권세 잡은 자를 따랐으니 곧 지금 불순종의 아들들 가운데서 활동하는 영이라”고 말했다. 지금 세상에는 사탄과 악령들의 활동들이 많이 있다.

〔20절〕 또 아는 것은 하나님의 아들이[께서] **이르러**[오셔서] **우리에게 지각을 주사 우리로 참된 자를 알게 하신 것과 또한 우리가 참된 자 곧 그의 아들 예수 그리스도 안에 있는 것이니 그는 참 하나님이시요 영생이시라.**

셋째로, 우리는 하나님의 아들의 깨닫게 하심으로 말미암아 참된 자 곧 하나님의 아들 예수 그리스도를 알고 또 우리가 그 안에 있다는 사실도 안다. 하나님의 아들 예수 그리스도께서는 참 하나님이시요 영생이시다. 성경은 예수 그리스도께서 태초부터 계신 하나님이시요(요 1:1) 크신 하나님이시며(딛 2:13) 참 하나님이심을 증거한다(요일 5:20). 그는 우리에게 영생이시며 또 영생을 주시는 구주이시다. 요한복음 10:27-28에 보면, 예수께서는 “내 양은 내 음성을 들으며 나는 저희를 알며 저희는 나를 따르느니라. 내가 저희에게 영생을 주노니 영원히 멸망치 아니할 터이요 또 저희를 내 손에서 빼앗을 자가 없느니라”고 말씀하셨다. 우리는 하나님의 아들 예수 그리스도를 알았고 그를 믿음으로 구원을 얻었고 예수 그리스도 안에 있다.

[21절] 자녀들아, 너희 자신을 지켜 우상에서 멀리하라. [아멘.][11]

성도가 자신을 지켜 우상에서 멀리하는 것은 신앙생활의 근본이다. 우상이란 하나님이 아니면서 하나님처럼 높임을 받는 것을 가리킨다. 우상숭배는 가장 근본적이고 큰 죄악이다. 우리는 우리의 모든 삶에서 모든 우상을 제거해야 한다. 현대인은 돈과 육신의 쾌락, 지식과 과학, 아니 사람 자체를 하나님처럼, 혹은 하나님 대신에 높이고 가치 있게 여긴다. 이런 것들, 돈이나 육신의 쾌락이나 지식과 과학과 사람 자체는 다 우상이다. 우리는 살아계시고 참되신 하나님만 경외하고 섬기며 순종해야 하며 모든 우상, 즉 하나님이 아닌 모든 것을 조심해야 한다. 중생한 성도들은 우상들을 멀리해야 한다. 그래야 하나님께서 기뻐하신다. 만일 우리가 하나님 아닌 것들에 큰 가치를 두고 그것들을 위하고 높이고 사랑한다면, 우리는 하나님 앞에서 범죄하는 것이고 그런 자들은 하나님의 진노를 받고 멸망할 수밖에 없다.

본문의 교훈을 정리해보자. 첫째로, 중생한 자는 계속 범죄치 않는다. 우리가 중생한 자라면 우리는 자신을 지켜 범죄치 않도록 힘써야 한다.

둘째로, 중생한 자는 하나님께 속한다. 이 세상은 사탄 안에 있어도 우리는 하나님의 특별한 소유가 된 자들이다. 우리는 이 사실을 깨닫고 감사하며 하나님의 자녀답게 경건하고 거룩하고 선하게 살아야 한다.

셋째로, 우리는, 참 하나님이시며 영생이신 하나님의 아들 예수 그리스도를 알았고 그 안에 있다. 예수 그리스도를 알고 믿는 것이 영생이며 우리는 그를 믿으며 사랑하며 그를 끝까지 순종하며 따라야 한다.

넷째로, 우리는 자신을 우상으로부터 지켜야 한다. 오늘날 사람들은 돈과 육신의 쾌락, 지식과 과학, 또 사람 자체를 하나님처럼 혹은 하나님 대신에 높이고 가치 있게 여긴다. 우리는 이런 현대적 우상들로부터도 자신을 지키고 오직 삼위일체 하나님만 믿고 섬기며 순종해야 한다.

---

11) Byz vg^cl 에 있음.

요한2서

서론

요한이서의 **저자**는 사도 요한이다. 이 점에 대해 초대 교회의 전통은 분명하다. 알렉산드리아의 클레멘트(150-215년경), 알렉산드리아의 디오니시우스(264년경 사망), 및 키프리안(258년 사망)은 본 서신을 사도 요한의 서신으로 인용하였다. **수신자**인 '택하심을 입은 부녀와 그의 자녀'는 어떤 교회의 여성도와 그 자녀를 가리키는 것 같다. 본 서신의 **저작 연대**는 주후 85-90년일 것이다.

본 서신의 **특징적 주제**는 '진리 안에서 행함'이다. 4절, "너의 자녀 중에 . . . 진리에 행하는 자를 내가 보니 심히 기쁘도다." 또 아울러 본 서신은 우리가 그리스도에 관한 바른 교리를 저버린 이단에 대해 경계해야 할 것을 밝히 교훈하였다(7-11절).

진리 안에서 행함

1-6절, 진리 안에서 행함

〔1-2절〕 **장로는 택하심을 입은 부녀와 그의 자녀**[들]**에게** 편지하노니 **내가 참으로**(엔 알레데이아 ἐν ἀληθείᾳ)[진리 안에서(KJV, NIV), 참으로(NASB)] **사랑하는 자요 나뿐 아니라 진리를 아는 모든 자도 그리하는 것은 우리 안에 거하여 영원히 우리와 함께할 진리를 인함이로다.**

사도 요한은 노년에 이 서신을 썼다고 본다. '장로'라는 말은 사도라는 말보다 더 친근감이 있다. 서신을 받는 자들은 '택하심을 입은 부녀와 그의 자녀들'이다. 구원은 하나님의 택하심이다. 우리는 하나님의 택하심을 입은 자들이다. '택하심을 입은 부녀'는 교회를 가리키는 것보다 '한 여성도'를 가리키는 말로 보는 것이 더 자연스럽다. 4절에 '너의'라는 말과 5절에 '부녀여'라는 말과 13절에 '네'라는 말과 '네게'라는 말은 한 교회보다 한 개인을 가리키는 것으로 보는 것이 더 자연스럽다. 그러나 그 여성도와 그의 자녀들은 주 예수 그리스도의 교회의 구성원들이며 하나의 작은 교회와도 같다고 볼 수 있다.

본문에는 '진리'라는 말이 여러 번 나온다. 요한은 자신을 '진리 안에' 있는 자로 표현하며 다른 성도들을 '진리를 아는 자들'로 표현한다. 또 그는 이 진리가 우리 안에 거하며 영원히 그러하다고 말한다. 그가 말하는 진리는 하나님의 말씀 곧 예수 그리스도의 복음을 가리킨다고 생각된다. 주 예수께서는 "나는 길이요 진리요 생명이라"고 말씀하셨고(요 14:6) 또 "아버지의 말씀은 진리니이다"라고 말씀하셨다(요 17:17). 사도 바울은 에베소서 1:13에서 성도들을 "진리의 말씀 곧 구원의 복음을 듣고 그것을 믿어 약속의 성령님으로 인치심을 받은 자들"로 표현하였다. 진리의 내용은 예수께서 하나님의 아들 그리스도시요 그를 믿으면 죄사함과 의롭다 하심과 하나님의 자녀 되는 권세를 얻는다는 약속이다. 모든 사람은 진리를 알아야 한다.

성도는 진리를 아는 자들이며 이 진리가 그들 속에 있는 자들이다. 이 진리는 그들 속에 영원히 있을 것이다. 이 진리는 예수 그리스도이시다. 그는 우리와 영원히 함께하실 것이다. 예수 그리스도의 진리를 아는 것이 구원이며 영생이다.

성도는 이 진리 안에서, 이 진리 때문에 서로 사랑하게 된 자들이다. 사도 요한은 '택하심을 입은 부녀와 그의 자녀들'을 '진리 안에서 사랑한다'고 표현한다. 또 그는 "나뿐 아니라 진리를 아는 모든 자도 그리한다"고 말한다. 또 그 까닭은 "우리 안에 거하며 영원히 우리와 함께할 진리 때문"이라고 말한다. 진리가 우리를 사랑의 줄로 묶었다. 진리가 우리를 한 가족같이 사랑하는 교회가 되게 했다.

교회는 이 세상의 이익 집단과 다르다. 교회는 하나님의 큰 가정이다. 비록 우리가 서로 다른 집에 살고 있을지라도 우리는 하나님을 아버지로 모신 대가족이다. 주 예수 그리스도의 말씀대로, 누구든지 하나님 아버지의 뜻대로 행하는 자는 그의 형제요 그의 자매이다(마 12:50). 성도들의 이 사랑의 교제에 교회의 교회다운 점이 있다.

〔3절〕 은혜와 긍휼과 평강[평안]**이 하나님 아버지와 아버지의 아들** [주][12] **예수 그리스도께로부터 진리와 사랑 가운데서 우리와 함께 있으리라.**

사도 요한은 하나님 아버지와 아버지의 아들 주 예수 그리스도께로부터 은혜와 긍휼과 평안이 진리와 사랑 가운데서 우리와 함께 있으리라고 기원한다. '진리'라는 말은 우리의 죄를 대속하신 구주 예수 그리스도를 믿는 자마다 죄사함을 얻는다는 복음 진리를 가리킨다. 우리는 그 진리를 믿음으로 구원을 얻었고 그 진리 안에서 살고 있다. '사랑 가운데서'라는 말은 하나님의 사랑과 그들의 사랑의 실천을 다 가리킬 것이다. 우리는 하나님 아버지와 그의 아들 예수 그리스도의

12) Byz ℵ vg^{mss} cop^{bo-mss} arm 등에 있음.

사랑과 은혜와 긍휼로 구원을 얻었고 하나님의 은혜와 긍휼로 힘을 얻고 성화(聖化)를 이루어간다. 또 우리는 하나님의 은혜와 긍휼 안에서 이 세상에서 참 평안을 누린다. 그 평안은 마음의 평안뿐 아니라, 몸의 건강과 물질적 여유와 환경적 평안도 포함한다. 또 우리가 서로 사랑할 때 하나님의 은혜와 평안은 우리에게 더욱 넘칠 것이다.

〔4절〕 너의 자녀[들] **중에 우리가 아버지께 받은 계명대로 진리에**[진리 안에서] **행하는 자를 내가 보니 심히 기쁘도다.**

본 서신은 사도 요한이 한 여성도의 가정에 보낸 개인적 서신이라고 보인다. 그러나 그의 교훈은 한 가정에 국한되지 않고 모든 시대, 모든 교회, 모든 성도들에게 주시는 하나님의 교훈이다. 그 여성도의 자녀들 중에는 진리 안에서 행하는 자들이 있었다. 그의 모든 자녀들이 다 잘 믿은 것 같지는 않다. '너의 자녀들 중에'라는 말은 그 자녀들 중에 일부가 잘 믿었음을 암시한다. 부모가 잘 믿는다고 자녀들이 다 잘 믿는 것은 아니다. 믿음은 전적으로 하나님의 은혜의 선물이다.

진리는 하나님의 아들 예수 그리스도의 십자가 대속 사역으로 말미암아 죄인들이 그를 믿음으로 죄사함과 의롭다 하심과 영생을 얻는다는 복음 진리와 하나님의 모든 말씀을 가리킨다. 사도 요한은 '우리가 아버지께 받은 계명대로' 진리 안에서 행한다고 말한다. 우리가 아버지께 받은 계명이란 10계명과 성경의 모든 말씀을 가리킬 것이다. 그러므로 진리 안에서 행한다는 것은 구주 예수님을 믿고 하나님께서 주신 십계명과 성경의 모든 교훈대로 사는 것을 뜻한다. 신앙은 하나님과 예수 그리스도께 대한 우리의 마음의 태도이지만 그것은 다른 이들에게 보여지도록 행동으로 나타난다. 그래서 어떤 사람이 진리 안에서 행하는지 다른 사람들이 알 수 있는 것이다.

사도 요한은 그들이 진리 안에서 행하는 것을 보고 심히 기뻐했다. 죄인들의 삶 속에 이루시는 하나님의 구원의 일을 보는 것은 하나님의 크신 기쁨일 뿐만 아니라 또한 우리의 큰 기쁨이다. 우리 자신과,

다른 이들이 주 예수님을 믿는 은혜를 받았다는 사실 자체가 우리의 큰 기쁨이다. 그러므로 사도 바울도 그의 서신들에서 성도들을 자신의 기쁨과 자랑이라고 표현하였다(빌 4:1; 살전 2:19-20). 더욱이, 그들이 하나님께 받은 말씀대로 순종하며 사는 것을 보는 것은 목사들과 성도들의 큰 기쁨이 아닐 수 없다. 전파된 말씀을 거역하는 것을 보는 것은 우리 모두에게 큰 슬픔이 되지만(빌 3:18), 그것을 받아 그대로 사는 것을 보는 것은 우리 모두에게 큰 기쁨이다.

〔5절〕 부녀여, 내가 이제 네게 구하노니 서로 사랑하자. 이는 새 계명같이 네게 쓰는 것이 아니요 오직 처음부터 우리가 가진 것이라.

사도 요한은 서로 사랑하라는 새 계명을 강조한다. 서로 사랑하자는 강조는 우리에게 언제나 필요하고 유익하다. 본 서신에 나타난 대로, 그 여성도가 처한 형편은 이단들의 미혹이 있는 형편이었다. 이단과 오류가 교회 안팎에 많이 들어와 있을 때 성도들은 사랑이 식어지기 쉽다. 주께서도 그의 재림 직전의 징조들을 언급하시면서 불법이 성하므로 많은 사람의 사랑이 식어지리라고 말씀하셨다(마 24:12). 그러나 그런 때일수록 성경 진리를 굳게 지키며 이단과 오류를 배격하는 일 뿐만 아니라, 또한 주님을 믿고 순종하는 자들 간에는 서로 사랑하는 일이 더욱 필요하다. 서로 사랑하는 것은 성도들에게 새삼스런 일이 아니다. 그것은 성도들이 믿기 시작할 때부터 배운 기본적인 삶이다. 주께서는 제자들에게 서로 사랑하라는 새 계명을 남겨 주셨고, 또 우리가 서로 사랑할 때 모든 사람이 우리가 그의 제자인 줄 알리라고 말씀하셨다(요 13:34, 35). 교회는 예수님 믿고 구원 얻은 자들이 거룩함으로 서로 사랑하는 모임이다.

〔6절〕 또 사랑은 이것이니 우리가 그 계명을 좇아 행하는 것이요 계명은 이것이니 너희가 처음부터 들은 바와 같이 그 가운데서 행하라 하심이라.

사도 요한은 진리 안에서 행하는 삶을 서로 사랑하는 것과 하나님의 계명을 따라 사는 것으로 표현한다. 그러나 형제를 사랑하는 것은 곧 하나님의 계명들을 따라 행하는 것이라고 말한다. 하나님의 계명을 거슬러 행하지 않고 십계명을 범하거나 성경말씀을 무시하거나 부정하거나 거역하지 않고 하나님의 말씀을 따라 바르게 사는 것이 바로 서로 사랑하는 것이다. 사실상, 하나님의 계명은 하나님의 백성이 하나님과 주 예수 그리스도를 믿기 시작할 때부터 들은 바와 같이 서로 사랑하라는 것이다. "그 가운데서 행하라"는 말씀은 '사랑으로 행하라' 즉 '서로 사랑하라'는 뜻이다. 하나님의 계명을 순종하는 것과 서로 사랑하는 것, 진리 안에서 행하는 것과 서로 사랑하는 것은 별개의 일이 아니고 결국 한가지이다.

본문의 교훈을 정리해보자. 첫째로, 우리는 우리가 받은 진리를 가장 귀히 여기며 확신하고 사랑하고 널리 전파해야 한다. 그 진리는 하나님의 아들 우리 주 예수 그리스도와 그의 속죄사역에 대한 내용이며 구주 예수 그리스도를 믿음으로 죄사함과 의롭다 하심과 영생을 얻고 천국에 들어간다는 내용이다. 그것이 성경의 요지이며 기독교 복음의 요지이다. 성경은 하나님의 말씀이며 진리의 말씀이고 구원의 말씀이다.

둘째로, 우리는 진리 안에서 행해야 한다. 진리 안에서 행하는 것은 예수 그리스도를 믿는 믿음 안에서 행하는 것이며 하나님의 계명 안에서 행하는 것이며 성경 교훈 안에서 행하는 것을 말한다. 그러므로 우리는 성경을 읽고 듣고 믿고 행해야 한다. 성경은 성도의 믿음과 행위의 유일한 규범이다. 성경의 교훈대로 사는 것이 의이며 선이다.

셋째로, 진리 안에서 행하는 것은 특히 서로 사랑하는 것을 말한다. 우리는 서로 사랑해야 한다. 주 예수께서는 제자들에게 서로 사랑하라는 새 계명을 주셨다. 진리 안에서 행하는 자는 형제 사랑을 실천하는 자이다. 우리는 복음 진리 때문에 하나님의 자녀들이 되었고 하나님의 한 가족이 되었다. 우리는 장차 하나님의 나라에서 영원히 함께 살 것이다. 그러므로 우리는 이 세상에서도 서로 사랑하며 살아야 한다.

7-13절, 이단들을 경계할 것

〔7절〕 미혹하는[속이는](KJV, NASB, NIV) **자가 많이 세상에 나왔나니 이는 예수 그리스도께서 육체로 임하심**[오심]**을 부인하는 자라. 이것이 미혹하는**[속이는] **자요 적그리스도니.**

속이는 자는 이단을 가리킨다. 이단은 마귀의 활동으로 하나님의 말씀에 무엇을 더하거나 빼거나 혹은 하나님의 말씀을 왜곡시키는 것이다. 벌써 사도 시대에 많은 이단들이 교회 안팎에 나타나 성도들을 속이고 있었다. 사도 요한은 이제 그들의 정체에 대해 언급한다.

본절에 언급된 이단들은 예수 그리스도께서 육체로 오셨음을 부인하는 자들 곧 그의 성육신(成肉身)을 부인하는 자들이었다. 이런 자들은 요한일서에서도 언급되었었다(요일 4:2-3). 예수께서는 말씀께서 육신이 되신 분이시다(요 1:14). 말씀이라고 불리신 그는 태초부터 계셨던 하나님이시다(요 1:1). 본래 신적 인격 즉 하나님이셨던 그가 사람이 되신 것이다. 그러나 그는 두 인격이 아니시고 한 분이시다. 신성과 인성, 신적 본질과 인적 본질이 결합되셨으나 두 분이 아니고 한 분이시다. 웨스트민스터 소요리문답 21문답은, "하나님의 택하신 자들의 유일한 구속자(救贖者)는 주 예수 그리스도이신데, 그는 하나님의 영원하신 아들이시지만 사람이 되셨고 그래서 두 구별된 본질들에 있어서 하나님과 사람이시며 한 분이셨고 영원히 계속 그러하십니다"라고 했다. 그러므로 예수 그리스도의 성육신(成肉身)을 부정하는 자들은 다 속이는 자들이며 확실히 이단들이다.

〔8절〕 너희는 너희를 삼가 [우리가] **우리의 일한 것을 잃지 말고**[않고] **오직 온전한 상을 얻으라**[얻게 하라](전통사본).

'온전한 상'은 사도들과 목사들과 전도자들에게 주시는 하나님의 상을 뜻한다. 사도 요한은 그 성도와 그의 자녀들이 이단에 속지 말고 믿음을 지킴으로써 자신의 전도 사역이 헛되지 않고 마지막 날에 주께 상을 얻는 일이 되게 하라고 말한다. 고린도전서 3:6-8, "나는 심었고 아볼로는 물을 주었으되 오직 하나님께서는 자라나게 하셨나니 그런즉 심는 이나 물주는 이는 아무것도 아니로되 오직 자라나게 하시는 하나님뿐이니라. 심는 이와 물주는 이가 일반이나 각각 자기의 일하는 대로 자기의 상을 받으리라." 마태복음 25:21, "그 주인이 말하되 잘 하였도다. 착하고 충성된 종아, 네가 작은 일에 충성하였으매 내가 많은 것으로 네게 맡기리니 네 주인의 즐거움에 참여할지어다 하고." 하나님의 상은 전도자들에게 뿐 아니라, 모든 성도들에게도 약속되어 있다. 요한계시록 22:12, "보라, 내가 속히 오리니 내가 줄 상이 내게 있어 각 사람에게 그의 일한 대로 갚아 주리라."

〔9절〕 **지내쳐**(파라바이논 παραβαίνων)[이탈하여, 범죄하여](전통사본) **그리스도 교훈 안에 거하지 아니하는 자마다 하나님을 모시지 못하되** [그리스도](전통사본) **교훈 안에 거하는 이 사람이 아버지와 아들을 모시느니라.**

이단은 예수 그리스도의 교훈 안에 거하지 않는 자이다. 이단은 특히 하나님의 아들 예수 그리스도의 성육신(成肉身)의 교리를 부정하는 자들이다(요일 2:22-23; 4:1-3). 그는 하나님 아버지를 모신 자가 아니다. 예수 그리스도의 성육신(成肉身)의 교리 안에 거하는 사람이 아버지와 아들을 모신 자이다. 우리는 이단을 멀리하고 예수 그리스도의 성육신(成肉身)의 교리 안에 거해야 한다. 예수께서는 하나님께서 이 세상에 보내신 구주이시기 때문에 그를 영접하는 자는 하나님을 영접하는 것이요 그를 거절하는 자는 하나님을 거절하는 것이다. 사람이 예수께 대한 바른 신앙고백을 할 때, 우리는 그가 하나님 아버지와 그의 아들을 영접하고 섬기는 자임을 확인할 수 있는 것이다.

〔10-11절〕 **누구든지 이 교훈을 가지지 않고 너희에게 나아가거든 그를 집에 들이지도 말고 인사도 말라. 그에게 인사하는 자는 그 악한 일에 참여하는 자임이니라.**

'이 교훈'은 예수 그리스도의 성육신의 교리이다. '이 교훈을 가지지 않은 자'는 그의 성육신의 교리를 부정하는 이단을 가리킨다. 이단은 사탄에게 속한 자이기 때문에 참된 교회는 그를 용납하지 말고 집에 들이지도 말고 인사도 말아야 한다. 로마서 16:17-18에 보면, 사도 바울도 "형제들아, 내가 너희를 권하노니 너희 교훈[너희가 배운 교리](원문)을 거슬러 분쟁을 일으키고 거치게 하는 자들을 살피고 저희에게서 떠나라. 이 같은 자들은 우리 주 그리스도를 섬기지 아니하고 다만 자기의 배만 섬기나니 공교하고 아첨하는 말로 순진한 자들의 마음을 속이느니라"고 말했고, 디도서 3:10에서는, "이단에 속한 사람을 한두 번 훈계한 후에 멀리하라"고 교훈하였다.

오늘날 교회의 현실에 적용해보자. 기독교 역사상 가장 오래되고 거대한 이단은 교황을 우두머리로 한 천주교회의 사상과 조직체이다. 또 오늘날 가장 심각한 이단은 성경의 근본 교리들을 부정하는 자유주의 신학이다. 그러므로 자유주의 신학자들을 신학교들에 용납하는 개신교회의 역사적 대교단들은 배교와 타협의 잘못을 범하고 있다. 또 자유주의 신학과 천주교회를 배격하지 않는 교회연합운동(WCC)과 복음주의 활동(WEA)도 큰 잘못이다. 그러므로 참 교회들은 자유주의 신학자들을 그들의 교회들과 신학교들에서 배제해야 하고 그들을 용납하는 자유주의적, 포용주의적 교회들을 책망해야 하며 그런 자들과의 교제와 연합 예배나 연합 활동들을 금해야 한다.

〔12-13절〕 내가 너희에게 쓸 것이 많으나 종이와 먹으로 쓰기를 원치 아니하고 오히려 너희에게 가서 면대(面對)하여[얼굴을 보며] **말하려 하니 이는 너희**[우리][13] **기쁨을 충만케 하려 함이라. 택하심을 입은 네 자매의 자녀가 네게 문안하느니라.** [아멘.][14]

사도 요한은 성도들에게 얼굴을 보며 말하기를 원하고 그렇게 함

13) Byz ℵ vg^{mss} arm 등이 그러함.

14) Byz vg^{mss} arm 등에 있음.

으로써 서로 간의 기쁨이 충만케 되기를 원했다. 오늘날 우리도 성도들 간의 참된 교제를 통해 기쁨이 충만케 되기를 원한다.

본문의 교훈을 정리해보자. 첫째로, 우리는 이단의 정체를 알아야 한다. 이단은 속이는 자이다. 이단은 성경에 밝히 계시되어 있는 하나님의 진리를 부정하고 거짓말하는 자이다. 특히 그는 예수 그리스도의 성육신(成肉身)을 부정하는 자이다. 즉 예수 그리스도의 신성(神性)과 인성(人性)을 부정한다. 그런 자는 하나님과 예수 그리스도를 모시지 못한다. 그런 자는 하나님께로부터 난 자가 아니고 어둠에 속한 자이다.

둘째로, 우리는 온전한 상을 얻어야 한다. 특히 전도자들은 세상 것들을 다 버리고 주님을 따르는 자들인데, 그들의 일한 것에 따라 상을 얻을 것이다. 전도자와 목회자는 각각 자기의 일한 대로 자기 상을 받을 것이다(고전 3:6-7). 사도 바울은 금이나 은이나 보석으로 집을 지어 불같은 시험과 환난이 있어도 불타지 않고 그의 일한 것들이 그대로 있는 자는 상을 받을 것이라고 말했다(고전 3:12-15). 또 주께서 하신 달란트 비유에서 다섯 달란트 받은 자와 두 달란트 받은 자처럼, 부지런히 일하여 영혼들을 구원한 자는 칭찬을 받고 천국 잔치의 즐거움에 참여할 것이다(마 25:21). 주 예수께서는 모든 성도들에게 그가 다시 올 때 그들이 일한 대로 상을 주겠다고 약속하셨다(계 22:12). 우리는 온전한 상을 얻기 위해 늘 깨어 있고 말씀을 항상, 온전히 순종해야 한다.

셋째로, 우리는 이단과 교제하지 말아야 한다. 우리는 성도들 간에는 서로 사랑해야 하지만, 교리적, 윤리적 오류를 가진 자에 대해서는 교제를 끊어야 한다. 우리는 이단들이 많이 활동하는 말세에 역사적 기독교 신앙, 성경적 바른 신앙을 이해하고 지켜야 한다. 우리는 천주교회, 각종 이단종파들, 자유주의 신학, 연합주의, 종교다원주의, 은사주의 등의 이단들을 용납하지 말고 그런 사상을 가진 자들과 교제하지 말아야 한다. 우리는 그들을 집에 들이거나 그들에게 인사도 하지 말아야 한다. 왜냐하면 이단과 교제하는 것은 악한 일에 동참하는 것이기 때문이다.

요한3서

서론

요한삼서의 **저자**도 사도 요한이다. 본 서신은 사도 요한이 성령님의 감동 가운데 사랑하는 가이오에게 쓴 개인적 성격의 편지로 원문 신약성경 중 가장 짧은 책이다. 본 서신의 **저작 연대**도 주후 85-90년 경으로 추정된다.

요한이서의 특징적 주제와 같이, 요한삼서의 **특징적 주제**도 '진리 안에서 행함'이다. 3절, "형제들이 와서 네게 있는 진리를 증거하되 네가 진리 안에서 행한다 하니 내가 심히 기뻐하노라. 내가 내 자녀들이 진리 안에서 행한다 함을 듣는 것보다 더 즐거움이 없도다." 또 본서는 사도 요한을 악하게 비난하고 복음전도자들을 영접하지 않고 영접하는 자들까지 핍박했던 교만하고 악한 디오드레베라는 사람을 언급하며 그런 행위를 본받지 말아야 할 것을 교훈하며, 또 여러 사람들에게 칭찬을 받았던 데메드리오에 대해서도 증거한다.

진리 안에서 행함

〔1-2절〕 **장로는 사랑하는 가이오 곧 나의 참으로**[내가 진리 안에서] **사랑하는 자에게** 편지하노라. **사랑하는 자여, 네 영혼이 잘됨같이 네가 범사에 잘되고 강건하기를 내가 간구하노라.**

장로라는 말은 사도 요한이 나이도 많음을 보이는 것 같다. 또 그는 가이오에 대해 '사랑하는 가이오' '나의 사랑하는 자에게' '사랑하는 자여'라고 말하는데, 그것은 가이오에 대한 그의 사랑을 나타낸다. 교회는 성도들의 모임이며 성도들은 진리 안에서 서로 사랑해야 한다. 고린도전서 13:4-5의 말씀대로, 사랑은 오래 참고 온유하며 질투하지 않으며 자랑하지 않고 교만하지 않으며 무례히 행치 않고 자기의 유익을 구하지 않으며 성내지 않으며 악한 것을 생각하지 않는다.

사도 요한은 "네 영혼이 잘됨같이 네가 범사에 잘되고 강건하기를 내가 간구하노라"고 말한다. 영혼이 잘된다는 말은 우리가 믿음으로 바르게 사는 것을 말한다. 성도에게는 믿음이 견고케 되고 하나님의 뜻에 순종하여 죄와 더러움을 버리고 천국을 소망하며 기쁨과 평안 가운데 사는 것보다 더 복된 삶이 없다. 그것은 하나님과 동행하는 의인의 삶이며(창 5:22; 6:9) 신명기 28장에 말씀한 순종의 삶이다.

범사가 잘되는 것은 인생의 삶의 모든 부분, 즉 가정과 자녀들의 문제, 학업, 취업, 결혼의 문제, 직장과 사업의 문제 등을 포함한다. 요셉이 하나님과 동행하며 범죄치 않으려고 애썼을 때 하나님께서는 그에게 범사에 형통한 삶을 주셨다(창 39:23). 신명기 38:1-6은 하나님의 말씀을 순종하는 자가 얻을 자녀의 복, 물질의 복, 건강의 복에 대해 말한다. 시편 1편도 악을 버리고 말씀을 주야로 묵상하는 복된 자는 그의 하는 모든 일에 형통할 것이라고 말했다.

사도 요한은 또 가이오가 강건하기를 기원하였다. 사람의 건강도 하나님께서 주시는 복이다. 신명기 28장은 사람이 하나님의 말씀을 순종치 않을 때 여러 가지 질병이 있을 것을 경고하나, 말씀을 순종하는 자는 건강할 것이다. 잠언 3:7-8, "스스로 지혜롭게 여기지 말지어다. 여호와를 경외하며 악을 떠날지어다. 이것이 네 몸에 양약[건강, 치료]이 되어 네 골수로 윤택하게 하리라." 모든 질병이 다 죄의 징벌은 아니고 하나님께서 우리의 인격 훈련을 위해 주시는 질병도 있으나(욥기; 고후 12:7), 건강이 하나님의 복이라는 것은 분명하다.

〔3-4절〕 형제들이 와서 네게 있는 진리를 증거하되 네가 진리 안에서 행한다 하니 내가 심히 기뻐하노라. 내가 내 자녀들이 진리 안에서 행한다 함을 듣는 것보다 더 즐거움이 없도다.

사도 요한에게 온 형제들은 가이오가 진리 안에서 행하고 있다는 소식을 전해주었다. 하나님께서는 우리에게 공통적 진리, 곧 주 예수 그리스도로 말미암는 구원의 복음 진리를 주셨다. 우리는 이 진리 안에서 사는 것을 다른 이들에게 보여주어야 한다. 진리 안에서의 삶은 믿음과 소망과 사랑의 삶이요 하나님의 말씀 곧 성경말씀을 순종하는 삶이다. 만일 우리가 주 예수 그리스도를 믿는다고 하면서 거룩하고 선한 행위가 없다면, 우리의 믿음은 죽은 믿음일 것이다. 우리가 참으로 믿는 자라면, 우리는 교만과 미움과 음란과 거짓을 다 버리고 하나님의 뜻에 순종하며 거룩하고 선하고 진실한 자가 되어야 한다.

사도 요한은 가이오가 진리 안에서 행한다는 것을 듣고 심히 기뻐하였다. 그는 성도들이 진리 안에서 행한다는 말을 듣는 것보다 더 즐거움이 없다고 말한다. 어떤 성도가 진리 안에서 행한다는 사실은 확실히 목사들에게 큰 기쁨이요 성도들에게도 큰 기쁨이다. 우리의 가장 큰 기쁨은 하나님의 진리의 책인 성경을 읽고 듣고 배우며 그 진리를 믿고 그 안에서 사는 것이다. 이것이 곧 우리의 영혼이 잘되는 일이기도 하다. 이것보다 더 귀하고 기쁜 일은 없다.

〔5-8절〕 사랑하는 자여, 네가 무엇이든지 형제 곧 나그네된 자들[형제들

과 나그네들](전통사본)**에게 행하는 것이 신실한 일이니 저희가 교회 앞에서 너의 사랑을 증거하였느니라. 네가 하나님께 합당하게 저희를 전송하면 가하리로다. 이는 저희가** 주[님]의 **이름을 위하여 나가서 이방인에게 아무것도 받지 아니함이라. 이러므로 우리가 이 같은 자들을 영접하는 것이 마땅하니 이는 우리로 진리를 위하여 함께 수고하는 자가 되게 하려 함이니라.**

사도 요한은 가이오가 '형제들과 나그네들'에게 선하고 진실하게 행한 일을 칭찬하며 격려하였다. '나그네들'은 아마 순회전도자들을 가리킬 것이다. 그들은 가이오의 사랑의 행위에 대하여 교회 앞에서 증거하였다. 가이오의 행위는 진실한 행위이었고 가식이나 위선이 아니었다. 그의 선행은 모든 성도들이 본받을 만한 일이었다.

사도 요한은 가이오가 그들을 전송할 때에도 '하나님께 합당하게' 전송하는 것이 옳다고 말한다. '하나님께 합당하게'라는 말은 우리가 다른 성도나 주의 종들을 대할 때 그들의 외모를 따라 사람에게 대하듯 하지 말고 그들의 중심을 보고 하나님께 대하듯 하는 것이 옳다는 뜻이다. 사도 바울도 골로새서 3:23에서 "무슨 일을 하든지 마음을 다하여 주께 하듯 하고 사람에게 하듯 하지 말라"고 교훈하였다.

가이오가 주님의 종들을 하나님께 합당한 태도로 영접하고 전송하는 것이 옳은 까닭은 그들이 주님의 이름을 위해 대가 없이 일하는 자들이기 때문이다. '주님의 이름을 위하여'라는 말은 '주님의 이름을 증거하기 위하여, 주님의 이름의 영광을 위하여'라는 뜻이다. 전도자들은 물질적 대가를 기대하지 않고 일하는 자들이다. 그들은 삯군이 아니다. 말씀 사역은 장사가 아니다. 예수께서는 "너희가 거저 받았으니 거저 주어라"고 말씀하셨다(마 10:8). 물론 그는 또 "일꾼이 저 먹을 것 받는 것이 마땅하다"고 부언하기도 하셨다(마 10:10).

성도들이 전도자들과 주님의 종들을 영접하는 것은 마땅하다. 주께서는 "너희를 영접하는 자는 나를 영접하는 것"이라고 말씀하셨다(마 10:40). 또 성도들이 전도자들을 영접하는 것이 마땅한 것은 진리를 위해 함께 수고하는 자가 되기 때문이다. 우리는 직접 복음을 전하는 자가 되지 못할지라도 기도와 헌금으로 또 기회 있을 때 전도자들을 하나님께 합당한 태도와 예절로써 영접하고 또 전송함으로써 진리를 위한 수고에 동참할 수 있는 것이다.

〔9-10절〕 내가 두어 자를 교회에게 썼으나 저희 중에 으뜸되기를 좋아하는 디오드레베가 우리를 접대[영접]**하지 아니하니 이러므로 내가 가면 그 행한 일을 잊지 아니하리라. 저가 악한 말로 우리를 망령되이 폄론하고도** [부당하게 비난하고도] **유위부족(猶爲不足)하여**[오히려 부족하여] **형제들을 접대치도 아니하고** 접대**하고자 하는 자를 금하여 교회에서 내어쫓는도다.**

사도 요한은 디오드레베의 악함에 대해 몇 가지로 지적하고 증거한다. 첫째로, 디오드레베는 으뜸 되기를 좋아하는 사람이었다. 사람 속에는 교만과 명예심이 있다. 이것은 다른 사람들이 자기를 알아주기를 바라고 그들보다 높아지기를 원하는 마음이다. 이것은 사람의 죄성의 한 본질적 요소이다. 마귀는 교만함으로 타락했다. 그러나 주께서는 교만과 명예심을 미워하시고 정죄하신다. 교만한 자는 멸망의 문 앞에 서 있다(잠 16:18; 18:12). 만일 회개치 않으면 그는 멸망에 떨어질 수밖에 없다. 하나님께서는 교만한 자를 물리치시며 겸손히 자기를 낮추는 자를 긍휼히 여기시고 높이신다(마 23:11-12).

둘째로, 디오드레베는 악한 말로 사도 요한과 그의 동료들을 부당하게 비난하였다. 우리는 다른 성도에 대해 정당한 비난도 조심해야 한다. 주께서는 제자들에게 "비판을 받지 아니하려거든 비판하지 말라"고 교훈하셨다(마 7:1). 하물며 부당한 비난은 더 합당치 않다. 그것도, 참된 목사들에 대한 부당한 비난은 매우 악한 일이다. 예수께서는 선한 자는 그 쌓은 선에서 선한 말을 하고 악한 자는 그 쌓은 악에서 악한 말을 한다고 말씀하셨다(마 12:35). 잠언 12:18은 "혹은 칼로 찌름같이 함부로 말하거니와 지혜로운 자의 혀는 양약 같으니라"고 말한다. 우리는 남을 비난하는 말을 매우 조심해야 한다. 야고보는 말에 실수가 없는 자가 온전한 자라고 말하였다(약 3:2).

셋째로, 디오드레베는 요한과 그의 형제들 즉 주의 종들을 영접하지 않았고 심지어 영접하려 하는 자들을 금하고 교회에서 내어쫓기까지 하였다. 이것은 주님을 배척하는 악한 행동이었다. 주께서는, "너희를 영접하는 자는 나를 영접하는 것이요 나를 영접하는 자는 나 보내신 이를 영접하는 것이니라"고 말씀하셨다(마 10:40). 하나님께서는 에스겔 선지자를 통해 교회 안에 다른 양들을 밀뜨리는 염소들에 대해 "너희가 옆구리와 어깨로 밀뜨리고 모든 병든 자를 뿔로 받아 무리로 밖으로 흩어지게 하는도다"라고 책망하셨다(겔 34:21).

〔11절〕 사랑하는 자여, 악한 것을 본받지 말고 선한 것을 본받으라. 선을 행하는 자는 하나님께 속하고[하나님께로부터 나왔고] **악을 행하는 자는 하나님을 뵈옵지 못하였느니라.**

사람들은 선한 일을 보고 본받기도 하지만, 악한 일을 보고 본받기도 한다. 고린도전서 15:33, "악한 동무들은 선한 행실을 더럽히나니." 성도는 악한 것을 본받지 말고 선한 것을 본받아야 한다. 악과 선의 근원이 다르듯이, 악을 행하는 자와 선을 행하는 자의 근원이 다르다. 선을 행하는 자는 하나님께로부터 난 자이다. 선행은 성도가 중생한 자라는 증거가 된다. 그러나 악을 행하는 자는 하나님을 보지도 못하고 알지도 못하는 자이다. 사람이 계속 죄 가운데 거하며 자신의 죄를 회개하지 않는다면 그는 구원 얻지 못한 자일 것이다.

〔12절〕 데메드리오는 뭇사람에게도, 진리[진리 자체]**에게도** [좋은] **증거를 받았으매 우리도 증거하노니 너는 우리의 증거가 참된 줄을 아느니라.**

사도 요한은 데메드리오에 대해서도 증거한다. 데메드리오는 모든 사람에게 좋은 증거를 받았다. 많은 사람이 그의 믿음과 선행에 대해 증거했다. 데메드리오는 진리에게도 증거를 받았다. 그것은, 하나님의 진리에 비추어 볼 때 그가 참된 믿음과 행위를 가지고 있다는 뜻일 것이다. 사도 요한은 우리도 그에 대해 증거한다고 말한다. 이처럼 데메드리오는 진실한 믿음과 선행이 있는 성도임이 여러 방면으로 증거되었다. 이것은 참으로 기쁘고 복된 증거이다. 우리는 하나님과 사람들 앞에서 우리 자신이 다 이런 복된 증거를 가지기를 원한다.

〔13-15절〕 내가 네게 쓸 것이 많으나 먹과 붓으로 쓰기를 원치 아니하고 속히 보기를 바라노니 또한 우리가 면대하여 말하리라. 평강이 네게 있을지어다. 여러 친구가 네게 문안하느니라. 너는 각 친구 명하에 문안하라.

사도 요한은 가이오와 속히 만나 얼굴을 맞대고 말하기를 원하였다. 성도의 교제는 항상 사모할 만한 것이다. 사도 요한은 또 평안을 기원한다. 근심과 불안이 가득한 세상에서 하나님께서 주시는 평안은 성도들에게 큰 복이다. 그는 또 여러 친구들의 문안을 언급하며 가이오도 그들에게 일일이 그들의 이름으로 문안하라고 요청한다. 우리는 우리의 마음을 열고 생각을 낮추고 참된 사랑을 가지고 서로 교제하고 문안하고 서로에게 평안을 기원해야 할 것이다.

본 서신의 교훈을 정리해보자. 첫째로, 우리는 우리의 영혼이 잘됨같이 범사에 잘되고 몸도 건강하기를 원한다. 우리는 믿음에 굳게 서며 우리의 하는 모든 일들이 잘되고 몸도 건강하기를 원한다. 사도 바울은 디모데전서 4:8에서 경건에는 현세와 내세에 약속이 있다고 말했다.

둘째로, 우리는 진리 안에서 행하는 자가 되어야 한다. 하나님의 뜻은 우리가 복음 진리를 믿어 구원 얻고 그 진리에 순종하는 것이다. 그 진리 안에 서로 사랑하라는 새 계명도 들어 있다. 우리가 진리 안에서 행하며 서로 사랑할 때 그것이 하나님과 우리에게 기쁨이 될 것이다.

셋째로, 우리는 디오드레베의 악행을 본받지 말고 가이오와 데메드리오의 선행을 본받아야 한다. 우리는 주님의 종들을 주님 대하듯 대함으로 복음 사역에 동참해야 한다. 전도는 하나님의 일이다. 그러므로 우리는 전도자들을 위해 기도하고 그들을 영접하고 그들의 필요를 공급하며 그들을 후원하고 전송함으로 하나님의 일에 동참해야 한다.

유다서

서론

유다서의 **저자**는 열두 사도 중 하나인 유다(눅 6:16)이든지 혹은 예수님의 동생인 유다(막 6:3)라고 본다. 그는 자신을 '예수 그리스도의 종이요 야고보의 형제'라고 말하였다(1절). 유다는 17절에서 "너희는 우리 주 예수 그리스도의 사도들의 미리 한 말을 기억하라"고 말했는데, 이 말은 자신을 사도들과 구별시키는 것 같다. 그러면 후자가 더 타당할 것이다. 예수님의 동생 야고보가 예루살렘 교회의 중요한 지도자이었고 사도적 권위를 가진 인물이었으므로(행 15:13; 갈 1:19; 2:9) 그의 동생 유다가 본 서신의 저자이었다면 그는 자신을 '야고보의 형제'라고 표현할 수 있었을 것이다. 주후 2세기 경에 벌써 허마와 폴리갑은 본 서신을 인용하였다. 초대교회는 본 서신을 영감된 책으로 받아들였다. 본 서신의 9절과 14절에 인용된 말들이 모세의 승천이나 에녹서 같은 가경서(仮經書)를 인용했으므로 영감된 책이 될 수 없다는 주장이 있지만, 그것들이 어떤 공통적 원천인 구전(口傳)에서 인용된 것이라면 아무런 문제가 없을 것이다.

본 서신의 **저작 연대**는 베드로후서가 기록된 지 여러 해 후일 것이다. 디이슨은 그것을 주후 75년경으로 본다. 본서의 **특징적 주제**는 '진리를 위한 싸움'이다. 3절, "내가 우리의 일반으로 얻은 구원을 들어[공통적 구원에 관하여] 너희에게 편지하려는 뜻이 간절하던 차에 성도에게 단번에 주신 믿음의 도를 위하여 힘써 싸우라는 편지로 너희를 권하여야 할 필요를 느꼈노니." 유다는 이단들에 대해 자세히 묘사하였다(4-19절). 본서의 교훈은 마지막 때를 당하여 배교와 타협과 혼란이 극심한 오늘날 매우 적절하고 요긴하다. 우리는 우리에게 단번에 주신 믿음을 위해 이단들을 대항하여 힘써 싸워야 한다.

진리를 위한 싸움

1-4절, 믿음의 도를 위해 힘써 싸우라

〔1-2절〕 **예수 그리스도의 종이요 야고보의 형제인 유다는 부르심을 입은 자 곧 하나님 아버지 안에서 사랑을 얻고 예수 그리스도를 위하여 지키심을 입은 자들에게**[하나님 아버지 안에서 거룩하여졌고(전통사본) 예수 그리스도로 말미암아 지키심을 얻었고 부르심을 받은 자들에게](원문의 순서) 편지하노라. **긍휼과 평강**[평안]**과 사랑이 너희에게 더욱 많을지어다.**

유다는 자신을 '예수 그리스도의 종이요 야고보의 형제인 유다'라고 부른다. '야고보의 형제'라는 말은 야고보가 당시에 유력한 인물이었음을 암시한다. 그가 자신을 '예수 그리스도의 종'이라고 부른 것은 예수 그리스도께 대한 그의 신앙과 순종을 나타낸다. 그는 예수 그리스도를 믿고 순종하였다. 예수 그리스도께서는 유다에게만 그런 것이 아니고 모든 시대의 성도들에게, 곧 오늘날 우리 모두에게도 그러하시다. 우리는 구주 예수 그리스도를 하나님과 주님으로 믿으며 그에게 절대 순종하기를 원한다.

유다는 이 편지를 받는 자들을 세 마디로 표현한다. 첫째로, 그들은 하나님 아버지 안에서 거룩해졌다(<u>헤기아스메노이스</u> ἡγίασμένοις). 하나님께서는 그들을 사랑하셔서 독생자 예수 그리스도의 피로 그들의 죄를 씻으셨고 그들을 거룩케 하셨다. 둘째로, 그들은 예수 그리스도로 말미암아 지키심을 입었다. 세상이 비록 험하지만, 그들은 예수 그리스도로 말미암아 지키심을 입었다. 요한복음 10:28에 보면, 주 예수께서는 "내가 저희에게 영생을 주노니 영원히 멸망치 아니할 터이요 또 저희를 내 손에서 빼앗을 자가 없느니라"고 말씀하셨다. 셋째로, 그들은 부르심을 입었다. 그것은 죄인들을 복음으로 부르시고 그들의 마음을 감동하셔서 회개하고 주 예수 그리스도를 믿게 하신 것을 말한다. 로마서 1:6-7, "너희도 그들 중에 있어 예수 그리스도의 것으로 부르심을 입은 자니라. 로마에 있어 하나님의 사랑하심을 입고 성도로 부르심을 입은 모든 자에게."

유다는 이 편지를 받는 성도들에게 하나님의 긍휼과 평안과 사랑이 더욱 많기를 기원한다. 우리는 이미 하나님과 주 예수 그리스도의 긍휼과 사랑을 입어 구원을 얻은 자들이고 그 안에서 하나님의 주시는 영육의 평안을 소유하고 누리는 자들이다. 그렇지만 세상이 너무 악하고 우리가 너무 약하기 때문에 하나님의 긍휼과 평안과 사랑은 날마다 시간마다 우리에게 더욱 많이 요구되는 것이다.

[3절] 사랑하는 자들아, 내가 (우리의) 일반으로 얻은 구원(테스 코이네스 소테리아스 τῆς κοινῆς σωτηρίας)[공통적 구원]**을 들어 너희에게 편지하려는 뜻이 간절하던 차에 성도에게 단번에 주신 믿음의 도**(피스티스 πίστις)[믿음]**를 위하여 힘써 싸우라는 편지로 너희를 권하여야 할 필요를 느꼈노니.**

우리의 구원은 예수 그리스도를 믿는 모든 사람들이 공통적으로 얻은 것이다. 또 우리가 믿는 바는 '성도에게 단번에 주신 믿음의 도'이다. '믿음의 도'라는 원어는 단순히 '믿음'이라는 말이지만 문맥상 믿는 마음가짐보다는 믿음의 내용을 가리킨다고 본다. 믿음의 내용은 하나님께서 신약교회에 단번에 주신 것이며 시대마다 변하는 것이 아니다. 사도 바울은 갈라디아서 1장에서 말하기를, "다른 복음은 없나니 다만 어떤 사람들이 너희를 요란케 하여 그리스도의 복음을 변하려 함이라. 그러나 우리나 혹 하늘로부터 온 천사라도 우리가 너희에게 전한 복음 외에 다른 복음을 전하면 저주를 받을지어다. 우리가 전에 말하였거니와 내가 지금 다시 말하노니 만일 누구든지 너희의 받은 것 외에 다른 복음을 전하면 저주를 받을지어다"라고 했다(갈 1:7-9). 하나님의 복음 진리의 내용은 확정되어 있다. 하나님의 아들 예수 그리스도께서 사람으로 오셨고 십자가에 죽으심으로 속죄를 이루셨고 삼일 만에 부활하셨다. 이것들은 반복될 수 없게 이루어진 사실들이다. 우리는 주 예수 그리스도를 믿음으로 죄사함과 의롭다 하심을 얻었다. 성경이 증거하는 구주 예수 그리스도 외에 세상에 다른 구주가 없으며, 이 복음 외에 다른 복음이 없다.

유다는 평소에 이 구원에 대해 성도들에게 몇 마디 쓰고 싶은 간절한 마음이 있었다. 그러다가 성도에게 단번에 주신 믿음의 도(道)를 위하여 힘써 싸우라고 권면해야 할 필요성을 느끼게 되었다. 그것은 교회 안에 가만히 들어온 이단들 때문이었다. 그들은 우리가 공통적으로 받은 구원에 대하여 도전하고 성도들에게 단번에 주신 믿음의 내용인 이 불변적 복음 진리를 부정하고 있었다.

하나님의 종들은 하나님께서 성도에게 단번에 주신 믿음을 위해, 이단들을 대항하여 힘써 싸워야 한다. 그것은 우리가 싸워야 할 선한 싸움이다(딤전 1:18; 딤후 4:7). 우리는 어떻게 싸워야 하는가? 우선, 우리는 이단에 대해 침묵하지 말고 이단을 포용하거나 이단과 협력하고 연합하지 말아야 한다. 우리는 이단을 분별하고 그것을 반박하고 이단과 교제하지 말아야 한다. 이것은 성경의 교훈이다. 디도서 3:10, "이단에 속한 사람을 한두 번 훈계한 후에 멀리하라." 요한이서 7, 10-11, "속이는 자가 많이 세상에 나왔나니 이는 예수 그리스도께서 육체로 오셨음을 부인하는 자라. 이것이 속이는 자요 적그리스도니," "누구든지 이 교훈을 가지지 않고 너희에게 나아가거든 그를 집에 들이지도 말고 인사도 말라. 그에게 인사하는 자는 그 악한 일에 참여하는 자임이니라." 그러나 우리는 온유하고 겸손한 마음을 잃지 말고 상대방에 대해 바른 말을 하고 잘못 표현하거나 잘못 정죄하지 않도록 조심해야 한다(갈 6:1; 딤후 2:24-26).

〔4절〕 이는 가만히 들어온 사람 몇이 있음이라. 저희는 옛적부터 이 판결[정죄]**을 받기로 미리 기록된 자니 경건치 아니하여 우리 하나님의 은혜를 도리어 색욕거리로 바꾸고 홀로 하나이신 주재 곧**[주재자 하나님과](전통사본) **우리 주**[우리의 주님이신] **예수 그리스도를 부인하는 자니라.**

본문은 이단에 대해 몇 가지 특징을 증거한다. 첫째, 그들은 가만히, 은밀하게 교회에 들어왔다. 이단은 드러나게 말하거나 처신하지 않는다. 그러므로 우리는 항상 깨어 있어야 이단을 분별할 수 있다. 둘째, 그들은 예수 그리스도의 신성(神性)을 부정했다. 이단은 온 세상의 주재자 하나님과 우리의 주님이신 예수 그리스도를 부정한다. 셋째, 그들은 불경건하여 하나님의 은혜를 색욕거리로 바꾸었다. 이단은 대체로 음란하고 육신의 쾌락을 구하며 방종의 생활을 한다. 넷째, 그들은 옛적부터 정죄를 받기로 작정되었다. 이단은 하나님의 종들이 아니고 마귀의 종들이다. 그들은 구원 얻은 자들이 아니고 만세 전부터 정죄를 받기로 작정된 자들, 곧 버려진 자들이다.

본문의 교훈을 정리해보자. <u>첫째로, 우리는 하나님께서 우리에게 주신 구원을 감사해야 한다.</u> 우리에게 주신 구원은 모든 하나님의 백성들이 공통적으로 얻은 구원이다. 그것은 하나님의 아들 우리 구주 예수 그리스도의 십자가 대속 사역으로 말미암아 그를 믿음으로 죄사함을 얻고 거룩하게 된 것이다. 이것은 전적으로 하나님께서 만세 전에 택하신 자들에게 주신 은혜이다. 우리는 그 은혜의 구원을 감사해야 한다. <u>둘째로, 우리는 하나님께서 우리에게 단번에 주신 믿음의 진리들을 위해 힘써 싸워야 한다.</u> 이단들은 교회 속에 은밀히 들어와 온 세상의 주재자 하나님과 우리의 주님이신 예수 그리스도를 부정하는 자들이다. 그들은 예수 그리스도의 성육신(成肉身)과 신성(神性)과 속죄를 부정한다. 또 그들은 하나님의 은혜를 육신의 색욕거리로 바꾸는 음란한 자들이다. 그들은 정죄받기로 작정된 자들이다. 우리는 교회 속에 들어와 있는 이단 사설들을 분별하여 그들을 대항하여 힘써 싸워야 한다. 우리는 하나님의 복음과 모든 진리들에 대한 바른 지식을 가져야 한다. 또 우리는 경건하고 거룩한 삶을 살아야 하고, 이단들을 포용하거나 이단들과 연합하여 활동하지 말고 이단들을 배격하고 교제를 끊어야 한다.

5-16절, 이단들의 죄악과 심판

〔5절〕 너희가 본래 범사를 알았으나 내가 너희로 다시 생각나게 하고자 하노라. 주께서 백성을 애굽에서 구원하여 내시고 후에 믿지 아니하는 자들을 멸하셨으며.

유다는 겸손하게 권면한다. 그는 자신의 권면의 말이 성도들에게 새로운 것이 아니고 그들이 이미 알고 있는 바이지만, 다시 생각나게 하려고 한다고 겸손하게 말한다(롬 15:14-15). 유다는 거짓 교사들 곧 이단자들의 죄악과 심판을 몇 가지 역사적 사실들에 비교한다. 첫째로, 그는 그것을 애굽에서 나온 후 광야에서 멸망한 이스라엘 선조들에 비교한다. 하나님께서는 자기 백성을 큰 능력으로 애굽에서 구원해내셨으나 그들이 하나님을 믿지 않고 하나님을 거역할 때 그들을 광야에서 다 멸망시키셨다. 이와 같이, 이단자들도 그 죄를 회개하고 참으로 하나님을 믿고 순종하지 않는다면 멸망하고 말 것이다.

〔6절〕 또 자기 지위를 지키지 아니하고 자기 처소를 떠난 천사들을 큰 날의 심판까지 영원한 결박으로 흑암에 가두셨으며.

둘째로, 유다는 이단자들을 자기 위치를 떠난 천사들에 비교한다. 그 천사들은 사탄과 악령들을 가리킬 것이다. 사탄과 악령들은 교만하여 하나님께서 정해주신 위치, 즉 피조물로서의 위치를 지키지 않음으로 타락하였다. 디모데전서 3:6은 마귀의 죄를 교만이라고 말한다. 물론 모든 악한 천사들이 지금 영원한 결박으로 흑암에 갇혀 있는 것은 아니지만, 그 중에 일부는 그러하다(벧후 2:4). 타락한 천사들을 벌하셨듯이, 하나님께서는 이단자들도 지옥에 던지실 것이다.

〔7절〕 소돔과 고모라와 그 이웃 도시들도 저희와 같은 모양으로 간음을 행하며 다른 색을 따라 가다가[성적으로 타락하다가] **영원한 불의 형벌을 받음으로 거울**[본보기]**이 되었느니라.**

셋째로, 유다는 이단자들을 소돔과 고모라에 비교한다. 옛날 소돔과 고모라와 그 이웃 도시들에 사는 사람들은 심히 음란하므로 마침내 유황불비의 심판을 받아 멸망하였다. '저희와 같은 모양으로'라는 말은 '이 사람들 즉 이단자들과 같은 모양으로'라는 뜻이다. '다른 색을 따라 가다가'라는 말은 정상적 남녀관계를 벗어난 관계, 특히 동성애를 가리켰다고 본다. 동성애는 성적인 타락의 한 형태이다. 레위기 18:22는 그것을 '가증한 일'이라고 표현했다. 이단자들은 음란한 죄 때문에 소돔과 고모라 백성들과 같은 심판을 받을 수밖에 없다.

〔8절〕 그러한데 꿈꾸는 이 사람들도 그와 같이 육체를 더럽히며 권위를 업신여기며 영광을 훼방하는도다.

이단자들은 '꿈꾸는 사람들'로 표현되었다. 그것은 그들이 꿈으로 하나님과 교통하고 있다고 선전함을 암시한다. 그들은 마치 자신들이 하나님의 뜻을 잘 이해하는 것처럼 주장한다. 그러나 실상 그들은 하나님의 종들이 아니고 마귀의 종들이다. 왜냐하면 그들은 육체를 더럽히는 자들 즉 음란한 자들이며 권위를 업신여기며 영광을 훼방하기 때문이다. 권위와 영광은 하나님께서 교회에 주신 합법적 권위를 가리켰다고 본다. 이단자들은 교회의 합법적 교훈과 치리에 복종치 않는다. 물론 우리가 사람의 종이 될 필요가 없고 오직 하나님께 복종해야 하지만, 하나님께서 교회에 주신 합법적 권위에 복종하는 것은 성경이 가르친 바이다(마 16:19; 18:18; 히 13:17). 교인들이 교회의 합법적 교훈과 권위에 복종치 않는다면, 교회는 이단을 막아낼 수 없고 분파의 죄악과 혼란을 막아낼 수 없을 것이다.

〔9-10절〕 천사장 미가엘이 모세의 시체에 대하여 마귀와 다투어 변론할 때에 감히 훼방하는 판결을 쓰지 못하고 다만 말하되 주께서 너를 꾸짖으시기를 원하노라 하였거늘 이 사람들은 무엇이든지 그 알지 못하는 것을 훼방하는도다. 또 저희는 이성 없는 짐승같이 본능으로 아는 그것으로 멸망하느니라.

천사장 미가엘이 모세의 시체에 대해 마귀와 변론한 일은 모세의 승천이라는 책에 있었다고 하고 구약성경에는 나오지 않지만 옛날부터 입으로 전해 내려오는 내용이었다고 본다. 천사장 미가엘이라도 마귀에 대하여 감히 훼방하는 판결을 쓰지 못하고 다만 "주께서 너를 꾸짖으시기를 원하노라"라고 말했는데 저 이단자들은 무엇이든지 그 알지 못하는 것을 훼방하고 비난하였다. 주께서 주신 교회의 합법적 권위자들을 정당치 않게 비난하는 것은 악한 일이다.

또 그들은 육신적 죄악성으로 인해 멸망한다. '본능으로 아는 그것'은 사람이 가진 본능적 욕망을 가리킨다고 본다. 그것은 이성 없는 짐승이 가진 것과 비슷하다. 사람이 단지 그런 것만을 가지고 있는 존재라면 짐승과 다를 바 없다. 그러나 사람은 그런 것보다 고상한 영혼이 있고 하나님을 두려워하는 마음과 양심 즉 도덕적 분별력이 있다. 그러나 이단자들은 죄악된 감정과 욕망 때문에 멸망할 것이다.

〔11절〕 화 있을진저 이 사람들이여, 가인의 길에 행하였으며 삯을 위하여 발람의 어그러진 길로 몰려갔으며 고라의 패역을 좇아 멸망을 받았도다.

유다는 이단들을 세 명의 인물들에 비교한다. 첫째로, 그들은 가인의 길을 가고 있다. 가인은 하나님께서 자기의 제사는 받지 않으시고 자기 동생의 제사를 받으셨다는 이유 때문에 자기의 동생을 미워하여 들판에서 그를 죽였다. 이와 같이 이단자들은 마음 속에 하나님의 종들과 성도들에 대한 미움을 가득히 품고 그들을 죽이려 한다.

둘째로, 그들은 발람의 어그러진 길을 가고 있다. 발람은 하나님께서 모압 왕 발락의 요청대로 그 사자들을 따라가지 말라고 말씀하셨으나 물질적 욕심 때문에 하나님의 명령을 거슬러 행하다가 큰 책망을 받았다. 이단자들은 하나님보다 세상을 사랑하는 자들이다.

셋째로, 그들은 고라의 패역을 따르고 있다. 고라는 이스라엘 백성의 광야 시대에 하나님께서 백성의 지도자로 세우신 그의 종 모세를 다른 동료들과 함께 대적하다가 하나님의 큰 벌을 받았고 땅이 갈라져 산 채로 삼키웠다. 이와 같이 이단들은 하나님께서 세우신 참된 종들을 대적하다가 마침내 멸망에 이를 것이다.

〔12-13절〕 저희는 기탄 없이 너희와 함께 먹으니 너의 애찬의 암초요 자기 몸만 기르는 목자요 바람에 불려가는 물 없는 구름이요 죽고 또 죽어 뿌리까지 뽑힌 열매 없는 가을 나무요 자기의 수치의 거품을 뿜는 바다의 거친 물결이요 영원히 예비된 캄캄한 흑암에 돌아갈 유리하는 별들이라.

이단자들은 몇 가지로 평가된다. 첫째로, 그들은 애찬의 암초 같다. 암초는 배를 파선시킨다. 이단들은 교회의 사랑의 식탁 교제에 기탄 없이 참여하지만 실상 교회를 파괴시키는 암초 같은 존재들이다.

둘째로, 그들은 자기 몸만 기르는 목자와 같다. 목자는 양을 기르는 자요 선한 목자는 양들을 위해 목숨까지 버리지만(요 10:11), 이단들은 양을 기르지 않고 자기의 몸만 기르는 목자이다.

셋째로, 그들은 바람에 밀려가는 물 없는 구름과 같다. 구름은 비를 기대하게 하지만, 물 없는 구름은 그 기대를 헛되게 한다. 비는 생명의 은혜를 상징한다. 그러나 이단들에게는 생명의 은혜가 없다. 그들은 세상의 풍조에 밀려다니는 물 없는 구름과 같다.

넷째로, 그들은 죽고 또 죽어 뿌리까지 뽑힌 열매 없는 가을 나무와 같다. 열매는 의와 선과 영혼 구원을 가리킬 것이다. 그러나 이단들은 영적으로 죽은 자들이므로 그들에게는 그런 열매가 없다.

다섯째로, 그들은 자기의 수치의 거품을 뿜는 바다의 거친 물결과 같다. 그들은 거짓과 미움과 탐욕, 음란과 강포 등의 언행으로 인격의 수치를 드러낸다. 그들은 교회의 수치거리이다.

여섯째로, 그들은 영원히 예비된 캄캄한 흑암에 돌아갈 유리하는 별들과 같다. 영원히 예비된 캄캄한 어두움은 지옥을 가리킨다. 이단들이 마지막으로 갈 곳은 지옥밖에 없다(마 23:33; 계 19:20).

〔14-15절〕 아담의 7세 손 **에녹이** [이] **사람들에게 대하여도 예언하여 이르되 보라, 주께서 그 수만의 거룩한 자와 함께 임하셨나니 이는 뭇사람을 심판하사 모든 경건치 않은 자의 경건치 않게 행한 모든 경건치 않은 일과**

또 경건치 않은 죄인의 주께 거스려[거슬러] **한 모든 강퍅한 말을 인하여 저희를 정죄하려 하심이라 하였느니라.**

본문은 가경 에녹서의 내용과 같지만(1:4; 60:8) 그것은 말로 전해 내려오는 내용이라고 본다. 주께서는 재림하실 때 이단자들을 심판하실 것이다. '수만의 거룩한 자'는 구원 얻은 성도들을 가리킬 것이다. 주의 재림의 목적은 악인들을 심판하시는 것이다. 15절은 '경건치 않은'이라는 말을 여러 번 반복한다. 이단들은 불경건한 자들이다.

〔16절〕 이 사람들은 원망[불평]**하는 자며 불만을 토하는 자며 그 정욕대로 행하는 자라. 그 입으로 자랑하는 말을 내며 이(利)를 위하여 아첨하느니라.**

이단자들은 교만하여 하나님을 향해 또 교회의 합법적 권위자들을 향해 불평하며 불만을 토하고 그 입으로 자랑하는 말을 하는 자들이며, 그 정욕대로 행하는 음란한 자들이며, 탐심이 있어서 물질적 이익을 위해 아첨하는 자들이다. 그들은 하나님의 참된 종들이 아니다.

본문의 교훈을 정리해보자. <u>첫째로, 이단자들은 자기 위치를 지키지 않는 교만한 자들이다.</u> 그들은 합법적 권위를 비방하고 불만, 불평하고 자랑한다. 우리는 교만치 말아야 한다. 로마서 12:3, "마땅히 생각할 그 이상의 생각을 품지 말고 오직 하나님께서 각 사람에게 나눠주신 믿음의 분량대로 지혜롭게 생각하라." 우리는 교만치 말고 겸손해야 한다.

<u>둘째로, 이단자들은 정욕을 따라 행하며 자기 몸을 더럽히는 자들이다.</u> 음행은 자기의 몸을 더럽힌다. 고린도전서 6:18, "음행을 피하라. 사람이 범하는 죄마다 몸 밖에 있거니와 음행하는 자는 자기 몸에게 죄를 범하느니라." 성도는 음행을 피해야 한다. 우리는 음란치 말아야 한다.

<u>셋째로, 이단자들은 물질적 탐심을 품은 자들이다.</u> 하나님을 알지 못하고 사랑치 않는 자는 세상과 돈을 사랑한다. 그러나 하나님을 경외하고 천국을 소망하는 자들은 더러운 이익을 구하지 않아야 하고(딤전 3:3 전통본문, 8) 탐심을 버려야 한다. 우리는 탐심을 버려야 한다.

17-25절, 지극히 거룩한 믿음과 기도

〔17-19절〕 사랑하는 자들아, 너희는 우리 주 예수 그리스도의 사도들의 미리 한 말을 기억하라. 그들이 너희에게 말하기를 마지막 때에 자기의 경건치 않은 정욕대로 행하며 기롱[조롱]하는 자들이 있으리라 하였나니 이 사람들은 당을 짓는 자며 육에 속한 자며 성령[님]은 없는 자니라.

유다는 사도의 말을 인용하여 이단에 대해 증거한다. 그는 '우리 주 예수 그리스도의 사도들'과 자신을 구별하는 것 같다. 유다가 인용한 내용은 베드로후서 3:3이다: "먼저 이것을 알지니 말세에 조롱하는 자들이 와서 자기의 정욕을 좇아 행하며 조롱하여." 유다서는 베드로후서를 사도의 글로 인용한 가장 오래된 책이다. 유다는 사도의 말을 들어 마지막 때에 나타날 이단에 대해 몇 가지로 증거하였다.

첫째로, 이단은 경건치 않고 정욕대로 행하는 자들이며 육에 속한 자들이다. 경건치 않은 자들은 육신의 정욕대로 산다. '육에 속한 자'라는 원어(프쉬키코이 ψυχικοί)도 '육욕적인, 호색적인 자들'이라는 뜻이다. 이것은 이단자들의 한 특징이다. 이단자들은 음란하다.

둘째로, 이단은 조롱하는 자들, 즉 하나님의 진리들을 비웃고 조롱하는 자들이며 당을 짓는 자들이다. 이단들은 역사적 기독교 교리들을 조롱한다. '당을 짓는 것'은 교회를 분열시키는 행위이다. 성경적, 역사적 기독교 교리들을 믿는 자들은 다 하나이다. 그러나 그 교리들을 조롱하고 배척하는 자들이 예수 그리스도의 교회를 분열시키는 자들이다. 이단들이 바로 교회의 일치와 화평을 깨뜨리는 자들이다.

셋째로, 이단은 성령님을 모시지 않은 자들이다. 성령께서는 진리의 영이시다. 모든 성경은 하나님의 영 곧 성령님의 감동으로 된 것이다(딤후 3:16). 성령님을 모신 자들은 성경을 바르게 이해하며 그 중요한 진리에 있어서 일치한다. 주 예수께서는 "진리의 성령께서 오시면 그가 너희를 모든 진리 가운데로 인도하시리라"고 말씀하셨다

(요 16:13). 그러나 이단들은 진리의 성령님을 모시지 않은 자들이다.

〔20-21절〕 사랑하는 자들아, 너희는 너희의 지극히 거룩한 믿음 위에 자기를 건축하며 성령으로[성령님 안에서] **기도하며 하나님의 사랑 안에서 자기를 지키며 영생에 이르도록 우리 주 예수 그리스도의 긍휼을 기다리라.**

유다는 성도들에게 여러 가지를 권면한다. 첫째로, 그는 "너희는 너희의 지극히 거룩한 믿음 위에 자신을 건축하라"고 권면한다. 유다는 성도들의 믿음을 '너희의 지극히 거룩한 믿음'이라고 표현한다. 그것은 믿음의 성격을 나타낸다. 성도들의 믿음은 세상적인 욕심이나 목적을 가지고 세상의 것들을 구하는 세상적인 일이 아니다. 성도들의 믿음은 참 하나님과 그의 보내신 자 예수 그리스도를 믿는 일이다. 그것은 하나님의 일이다. 그것은 죄를 버리고 죄사함과 의롭다 하심을 얻는 일이며, 지옥에 들어갈 자가 구원을 얻어 천국에 들어가게 되는 일이다. 우리는 믿음으로 구원을 얻고 믿음으로 영생을 얻는다. 만일 우리가 믿음이 없다면 우리는 아무것도 없는 자이다. 성도들의 인격은 믿음 위에 건립된 인격이다. 우리는 아름답고 튼튼한 건물을 짓듯이 지극히 거룩한 믿음 위에 우리 자신을 잘 건립해야 한다.

둘째로, 유다는 "성령님 안에서 기도하라"고 말한다. 우리는 성령님 안에서 기도해야 한다. '성령님 안에서'라는 말은 성령님의 감동과 도우심으로'라는 뜻이라고 본다. 사도 바울은 에베소서 6:18에서 "모든 기도와 간구로 하되 무시로 성령님 안에서 기도하라"고 말하였다. 기도는 믿음의 증거이다. 믿는 자는 기도하며 믿음 없이는 기도할 수 없다. 성령께서는 보혜사 곧 우리의 위로자이시다. 그는 우리의 연약함을 도우신다. 그는 우리의 기도 생활도 도우신다. 그러므로 우리는 기도가 잘 안 될 때 성령님의 도우심을 구하며 기도해야 한다.

셋째로, 유다는 "하나님의 사랑 안에서 자신을 지키라"고 말한다. 자기를 지키라는 말은 교리적 이단들과 윤리적 죄들로부터 자신을 지키라는 뜻이다. 유다는 이단들에 대해 많이 말했다. 그는 본 서신의 초두에 하나님께서 성도들에게 단번에 주신 믿음의 도를 위해 힘써 싸워야 한다고 말했다. 우리는 이단 사상들로부터 우리 자신을 지켜야 한다. 우리는 이단 사상에 물들지 않도록 조심해야 한다. 또 우리는 더러운 죄들로부터도 우리 자신을 지켜야 한다. 성도는 온갖 더러운 죄들, 특히 음란으로부터 자신을 깨끗하게 지켜야 한다.

우리는 하나님의 사랑 안에서 우리 자신을 지켜야 한다. '하나님의 사랑 안에서'라는 말은 '하나님의 사랑을 믿고 그 사랑을 힘입어'라는 뜻이라고 본다. 우리는 예수 그리스도 안에서 우리에게 주신 하나님의 사랑으로 인해 예수 그리스도를 믿었고 죄씻음과 영생의 구원을 얻었다. 그러므로 사탄과 악령들의 활동이 아무리 크고 강하다 할지라도 우리는 하나님의 사랑을 확신하고 악과 싸워야 하며 악으로부터 자신을 지켜야 한다. 사도 바울은 로마서 8장에서 "만일 하나님께서 우리를 위하시면 누가 우리를 대적하리요? 자기 아들을 아끼지 아니하시고 우리 모든 사람을 위하여 내어주신 이가 어찌 그 아들과 함께 모든 것을 우리에게 은사로 주지 아니하시겠느뇨?" "누가 우리를 그리스도의 사랑에서 끊으리요? 환난이나 곤고나 핍박이나 기근이나 적신(赤身)[헐벗음]이나 위험이나 칼이랴"라고 말했다(롬 8:31-32).

넷째로, 유다는 "영생에 이르도록 우리 주 예수 그리스도의 긍휼을 기다리라"고 말한다. 우리는 주 예수 그리스도의 긍휼로 구원을 얻었다. 우리의 구원은 시작도, 진행도, 완성도 하나님의 은혜와 주 예수 그리스도의 긍휼뿐이다. 우리의 거듭남과 의롭다 하심도 그의 긍휼로 이루어졌고, 성화(聖化)도 그의 긍휼과 성령님의 활동으로 이루어진다. 우리는 부족하며 시시때때로 실수하고 넘어지지만, 하나님의 긍휼로 다시 일어난다. 또 우리의 구원의 완성 곧 영화(榮化)도 주의 긍휼로 이루어질 것이다. 주께서는 피흘려 사신 영혼들을 결코 잃어버리지 않으실 것이다. 그러므로 우리는 오직 주님의 긍휼을 기다리면서 영생을 향해 달려가야 하고 끝까지 그러해야 한다.

〔22-23절〕 **어떤 의심하는 자들을**[어떤 자들을 구별하면서](전통사본) **긍휼히 여기라. 또 어떤 자를** [두려움으로] **불에서 끌어내어 구원하라. 또 어떤 자를 그 육체로 더럽힌 옷이라도 싫어하여**[싫어하라.](전통사본) (**두려움으로 긍휼히 여기라**)(전통사본에는 없음).

다섯째로, 유다는 "어떤 자들을 구별하면서 긍휼히 여기고, 어떤 자를 두려움으로 불에서 끌어내어 구원하고, 어떤 자를 그 육체로 더럽힌 옷이라도 싫어하라"고 권면한다.

'어떤 자들을 구별하면서'라는 말은 믿는 자들과 믿지 않는 자들, 확고히 믿는 자들과 믿음이 연약한 자들을 구별해야 함을 보인다. 우리는 상대방의 믿음을 살피면서 그를 긍휼히 여겨야 한다. 또 우리는 불신앙과 죄 가운데 있는 자들을 두려움으로 불에서 끌어내어 구원해야 한다. 죄의 결과는 지옥 불못이다. 구원 얻은 자들은 이 교훈대로 지옥 갈 자들을 복음으로 구원해야 한다. 또 우리는 죄인을 긍휼히 여기지만 그의 죄는 미워해야 한다. 우리는 그들이 육체로 더럽힌 옷이라도 싫어해야 한다.

〔24-25절〕 **능히 너희를 보호하사 거침이 없게 하시고 너희로 그 영광 앞에 흠이 없이 즐거움으로 서게 하실 자 곧 우리 구주 홀로 하나이신** [지혜로우신](전통사본) **하나님께** (**우리 주 예수 그리스도로 말미암아**)(전통사본에는 없음) **영광과 위엄과 권력과 권세가** (**만고 전부터**)(전통사본에는 없음) **이제와 세세에** 있을지어다. **아멘.**

구원은 하나님께 달려 있다. 우리를 구원하신 분은 하나님이시다. 하나님께서는 우리의 구주이시다. 지금도 우리를 보호하시고 넘어지지 않게 하시는 분은 하나님이시고 우리로 그의 영광 앞에 흠이 없이 큰 즐거움으로 서게 하실 분도 하나님이시다. 하나님께서는 우리의 구원의 시작과 진행과 완성을 주관하신다. 빌립보서 1:6, "너희 속에 착한 일을 시작하신 이가 그리스도 예수의 날까지 이루실 줄을 우리가 확신하노라.” 히브리서 12:2, “믿음의 주[시작자]요 또 온전케 하시는 이[완성자]인 예수님을 바라보자.” 하나님께 영광을 돌리는 것은 그의 긍휼과 은혜로 구원 얻은 모든 성도들의 마땅한 일이다. 구원 얻은 성도들의 삶의 목표는 ‘오직 하나님의 영광을 위하여’이다.

본문의 교훈을 정리해보자. 첫째로, 우리는 지극히 거룩한 믿음 위에 우리 자신을 건축해야 한다. 하나님과 주 예수 그리스도께 대한 믿음은 지극히 거룩한 믿음이다. 사람에게 믿음이 없으면 아무것도 없고 믿음이 있으면 구원과 영생이 있다. 믿음은 성경말씀을 통해 생기고 견고케 된다(롬 10:17; 눅 1:4). 그러므로 우리는 성경을 읽고 들음으로 지극히 거룩한 믿음을 가지고 그 믿음 위에 우리 자신을 건립해야 한다.

둘째로, 우리는 성령님 안에서 기도해야 한다. 성령께서는 우리의 연약함을 도우신다. 우리는 성령님의 감동과 도우심으로 기도해야 한다.

셋째로, 우리는 하나님의 사랑 안에서 자신을 지켜야 한다. 우리는 하나님의 사랑, 즉 예수 그리스도의 십자가 대속으로 확증된 그의 사랑으로 구원 얻었다. 그러므로 우리는 그 사랑 안에서 이단적 사상들과 윤리적 죄악들로부터 자신을 지키며 우리 믿음과 구원을 지켜야 한다.

넷째로, 우리는 영생에 이르도록 주 예수 그리스도의 긍휼을 기다려야 한다. 구원의 목표는 영생이다(요 6:39-40; 롬 6:23; 딛 1:1-2). 또 우리의 구원은 시작도, 진행도, 완성도 주 예수님의 긍휼밖에 없다. 우리는 하나님께서 약속하신 영생에 이르도록 그의 긍휼을 기다려야 한다.

다섯째로, 우리는 어떤 자들을 구별하며 긍휼히 여기고 어떤 자들을 불에서 끌어내어 구원하고 어떤 자들을 그 더럽힌 옷이라도 싫어해야 한다. 우리는 사람들 중에 믿음이 없어서 범죄한 자들을 살펴서 그들의 연약을 불쌍히 여겨야 한다. 또 우리는 범죄하여 지옥 불에 떨어질 자들을 전도하여 그 멸망의 길에서 구원해내야 한다. 또 우리는 죄인들의 죄악된 말들과 행위들과 그들의 더럽힌 옷들이라도 싫어해야 한다.

저자 소개

연세대학교 문과대학 철학과 졸업 (B.A.).
총신대학 신학연구원[신학대학원] 졸업 (M.Div. equiv.).
미국, Faith Theological Seminary 졸업 (Th.M. in N.T.).
미국, Bob Jones University 대학원 졸업 (Ph.D. in Theology).
계약신학대학원 교수 역임, 합정동교회 원로목사.
〔**역서**〕 J. 그레셤 메이천, 신약개론, 신앙이란 무엇인가? 등 다수.
〔**저서**〕 구약성경강해 1, 2, 신약성경강해, 조직신학, 기독교교리개요, 기독교 윤리, 현대교회문제, 자유주의 신학의 이단성, 교회연합운동 비평, 복음주의 비평, 현대교회문제자료집, 기독교신앙입문, 천주교회비평 등.

요한1,2,3서 유다서 강해

2002년 4월 21일 1판
2019년 12월 31일 2판
2026년 1월 9일 3판

저 자 **김 효 성**

발행처 **옛신앙 출판사**
Old-time Faith Press
www.oldfaith.net

서울특별시 마포구 독막로 26 (합정동)
합정동교회 내
02-334-8291, 팩스 02-337-4869
oldfaith@hjdc.net

등록번호: 제10-1225호

ISBN 978-89-98821-09-8 03230 값: 3,000원

♣ '**옛신앙**'이란, 옛부터 하나님의 선지자들과 주 예수 그리스도의 사도들이 가졌던 신앙, 오직 정확 무오(正確無誤)한 하나님 말씀인 신구약 성경에만 근거한 신앙, 오늘날 배교(背教)와 타협의 풍조에 물들지 않는 신앙을 의미합니다.

"여호와께서 이같이 말씀하시되 '너희는 길에 서서 보며 **옛적 길** 곧 **선한 길**이 어디인지 알아보고 그리로 행하라. 너희 심령이 평안을 얻으리라' 하나, 그들의 대답이 '우리는 그리로 행치 않겠노라' 하였으며"(렘 6:16).

옛신앙 출판사 서적 안내

1. 김효성, **현대교회문제.** [7판]. 198쪽. 4,000원.
2. 김효성, **자유주의 신학의 이단성.** [2판]. 170쪽. 4,000원.
3. 김효성, **교회연합운동 비평.** [2판]. 146쪽. 4,000원.
4. 김효성, **복음주의 비평.** [2판]. 166쪽. 4,000원.
5. 김효성, **천주교회 비평.** [2판]. 97쪽. 3,000원.
6. 김효성, **이단종파들.** [7판]. 88쪽. 2,000원.
7. 김효성, **공산주의 비평.** [4판]. 44쪽. 2,000원.
8. 김효성, **조직신학.** [3판]. 598쪽. 10,000원.
9. 김효성, **기독교 교리개요.** [11판]. 126쪽. 3,000원.
10. 김효성, **기독교 윤리.** [7판]. 240쪽. 5,000원.
11. 김효성, **신약성경 전통본문 옹호.** 166쪽. 4,000원.
12. 김효성, **기독교 신앙입문.** [11판]. 34쪽. 2,000원.
14. 김효성, **창세기 강해.** [4판]. 356쪽. 7,000원.
15. 김효성, **출애굽기 강해.** [3판]. 205쪽. 4,000원.
16. 김효성, **레위기 강해.** [3판]. 164쪽. 4,000원.
17. 김효성, **민수기 강해.** [3판]. 179쪽. 4,000원.
18. 김효성, **신명기 강해.** [3판]. 186쪽. 4,000원.
19. 김효성, **여호수아 사사기 룻기 강해.** [3판]. 216쪽. 4,000원.
20. 김효성, **사무엘서 강해.** [3판]. 233쪽. 5,000원.
21. 김효성, **열왕기 강해.** [3판]. 217쪽. 5,000원.
22. 김효성, **역대기 강해.** [3판]. 255쪽. 6,000원.
23. 김효성, **에스라 느헤미야 에스더 강해.** [3판]. 132쪽. 4,000원.
24. 김효성, **욥기 강해.** [3판]. 190쪽. 4,000원.
25. 김효성, **시편 강해.** [3판]. 703쪽. 10,000원.
26. 김효성, **잠언 강해.** [3판]. 623쪽. 10,000원.
27. 김효성, **전도서 강해.** [3판]. 84쪽. 3,000원.
28. 김효성, **아가서 강해.** [3판]. 88쪽. 3,000원.
29. 김효성, **이사야 강해.** [3판]. 406쪽. 8,000원.
30. 김효성, **예레미야 및 애가 강해.** [3판]. 360쪽. 7,000원.
31. 김효성, **에스겔 다니엘 강해.** [3판]. 295쪽. 6,000원.
32. 김효성, **소선지서 강해.** [2판]. 318쪽. 6,000원.
33. 김효성, **마태복음 강해.** [3판]. 350쪽. 7,000원.
34. 김효성, **마가복음 강해.** [4판]. 224쪽. 5,000원.
35. 김효성, **누가복음 강해.** [3판]. 363쪽. 7,000원.
36. 김효성, **요한복음 강해.** [3판]. 281쪽. 5,000원.
37. 김효성, **사도행전 강해.** [3판]. 236쪽. 4,000원.
38. 김효성, **로마서 강해.** [4판]. 145쪽. 4,000원.
39. 김효성, **고린도전서 강해.** [3판]. 120쪽. 4,000원.
40. 김효성, **고린도후서 강해.** [3판]. 100쪽. 3,000원.
41. 김효성, **갈라디아서 에베소서 강해.** [3판]. 170쪽. 4,000원.
42. 김효성, **빌립보서 골로새서 강해.** [2판]. 143쪽. 4,000원.
43. 김효성, **데살로니가전후서 빌레몬서 강해.** [2판]. 92쪽. 3,000원.
44. 김효성, **디모데전후서 디도서 강해.** [2판]. 164쪽. 4,000원.
45. 김효성, **히브리서 강해.** [3판]. 109쪽. 3,000원.
46. 김효성, **야고보서 베드로전후서 강해.** [3판]. 149쪽. 4,000원.
47. 김효성, **요한1,2,3서 유다서 강해.** [3판]. 106쪽. 3,000원.
48. 김효성, **요한계시록 강해.** [3판]. 175쪽. 4,000원.